PATRIMONIO
DE LA HUMANIDAD

PATRIMONIO
DE LA HUMANIDAD

México

PLAZA  JANÉS

Obra realizada por Plaza & Janés Editores, S.A. y Verlagshaus, con la colaboración de la UNESCO.

© 1997 VS Verlagshaus Stuttgart GmbH
© 1997 Plaza & Janés Editores, S.A.
© 1997 UNESCO, París
© 1997 Plaza & Janés Editores, S.A. (para la edición en lengua castellana)
Copyright © México, Ventas especiales, Intersistemas, S.A. de C.V. tel. 550-20-73

Autores del volumen:
Jürgen Lotz, Jochen Schürmann

Directores de la obra:
Michael Dultz, Wolfgang Kellner, Joan Tarrida

Jefes de redacción:
Clotilde de Bellegarde, Walter Liedke, Lourdes Llop, Dr. Sabine Werner-Birkenbach

Coordinación de redactores:
Antonia Dueñas, Olga Muriscot
(para la edición en lengua castellana)

Redactores:
Ferran Alaminos, Hermann J. Benning, Núria Font, Sascha Goldman, Dr. Wolfgang Hensel, Carmen Izquierdo,
Anna Jolis, Peter Kensok, Dr. Bruno P. Kremer, Jürgen Lotz, Carme Nicolau, Judit Payró, Anna Riera, Pilar
Rueda, José Serra, Reinhard Strüber

Traductores:
Ferran Alaminos, Joana Claverol, Fàtima Domínguez, Michel Faber-Kaiser, Mercè Herrerías, Miriam Jané,
Mª José Nieto, Isabel Romero, Núria Sanmartín, Trabis S.C.P., Mercè Vinagre, Marina Widmer

Búsqueda y selección de fotografías:
Creación y Edición Multimedia, S.A.
AISA Archivo Iconográfico

Documentación Iconográfica:
AISA Archivo Iconográfico (Mª Rosa Savall)

Dirección técnica:
Creación y Edición Multimedia, S.A. (José A. Vázquez)

Diseño interior:
Creación y Edición Multimedia, S.A. (Luis F. Balaguer)
Departamento de Artística de Plaza & Janés Editores, S.A.

Maquetación y fotomecánica:
Creación y Edición Multimedia, S.A.
AISA Archivo Iconográfico

Cartografía:
Creación y Edición Multimedia, S.A. (José A. Bordegé)
Gradualmap

Producción México:
Sergio Pozos Peralta

Diseño de las cubiertas:
Departamento de Artística de Plaza & Janés Editores, S.A.

Impresión:
Fernandez Editores, S.A. de C.V.
Impreso en México - Printed in Mexico

Primera edición: septiembre de 1997

ISBN: 84-01-61896-7 (Obra completa)
ISBN: 84-01-61897-5 (Volumen1)
Depósito legal: B. 27986-1997

Desde la adopción en 1972 de la «Convención concerniente a la protección del patrimonio mundial cultural y natural», la postura de los Estados firmantes frente a los estatutos proclamados en aquel documento ha evolucionado de manera notoria.

En primer lugar, el término «naturaleza» ha cambiado considerablemente. Aquel antiguo «escenario idílico», en el que se podía intervenir a placer sin poner en peligro su función, integridad y subsistencia, se ha convertido hoy en el compañero y aliado del ser humano. En la actualidad hemos tomado conciencia de que el medio ambiente es uno de nuestros valores más apreciados, y por tanto de la necesidad de protegerlo de peligros cada vez más graves y evidentes. Desde que los riesgos de causar daños irreparables son claramente reconocibles, dicha necesidad se ha hecho más urgente que nunca. Este loable cambio de actitud, si bien no ha redundado en todos los países en la toma de decisiones favorables dentro de la esfera política, está ligado al hecho de que la naturaleza constituye, en la misma medida que la cultura, una parte de nuestra herencia.

El segundo eje de esta positiva evolución apunta precisamente al término «patrimonio mundial». Con la legendaria recuperación del templo nubio de Abu Simbel, el mundo tomó conciencia de que un monumento egipcio, cuyo valor es extraordinario en todos los sentidos, no pertenece solamente a Egipto. Este legado cultural enriquece a toda la humanidad, que también es responsable de su conservación y, por tanto, debe actuar en consecuencia.

Durante los últimos veinte años, la «internacionalización» del patrimonio mundial, que engloba naturaleza y cultura, se ha visto reforzada bajo la clara influencia de las tecnologías de la comunicación y la información. Las nuevas herramientas de conocimiento de que disponemos han logrado poner al alcance de la mano cualquier recóndito rincón del planeta o del universo: ¿qué importancia pueden tener ya las distancias para cualquier usuario de Internet?

«Nuestro patrimonio no va precedido de ningún testamento», observó con acierto en una ocasión el poeta René Char. De hecho, nosotros somos los herederos y los tutores del legado natural y cultural que alberga el planeta azul, en su calidad de patria de todos los humanos.

Por ello, estamos obligados a conservar sus maravillas para poderlas dejar en herencia a las generaciones venideras. Esta tarea de protección resulta cada vez más difícil, pues de sobra sabemos que, desgraciadamente, a las catástrofes naturales hay que añadir las cada vez más frecuentes y devastadoras tragedias inducidas por el hombre, como las guerras, la contaminación medioambiental o la negligencia. Esta tarea solamente podrá ser coronada por el éxito si la comunidad internacional toma conciencia de lo que está en juego y de cuáles son los caminos más idóneos que se deben seguir antes de abordar el trabajo con total decisión.

En el plazo de tiempo que abarca una generación se han efectuado grandes progresos, tanto en lo que se refiere al proceso generalizado de concienciación como al ámbito de intervención práctica. Especialmente en el seno de las Naciones Unidas, los Estados han aunado esfuerzos para fomentar el creciente interés por el medio ambiente y para impulsar un progreso constante en este sentido, que vaya también acompañado de hechos.

Gracias a la Lista del Patrimonio de la Humanidad elaborada por la Unesco, en la cual se hallan incluidos casi quinientos lugares repartidos por más de cien países, la comunidad internacional está trabajando para cumplir con sus obligaciones y poder legar dicho patrimonio a las generaciones venideras.

No obstante, son necesarios todavía muchos esfuerzos, y todos podemos contribuir: organizaciones no gubernamentales, asociaciones parlamentarias, locales y regionales, medios de comunicación y entidades juveniles... Todos ellos tienen un importante papel que desempeñar en la revalorización y protección de las bellezas naturales del mundo y de sus testimonios históricos.

Confío que los lectores de esta enciclopedia queden entusiasmados con estas maravillas y se decidan a adoptar un papel activo en la conservación de nuestro patrimonio.

Federico Mayor Zaragoza
Director general de la UNESCO

Este primer volumen de la colección se hace eco de la fascinante variedad de los lugares situados en el continente norteamericano que forman parte del patrimonio cultural y natural de la humanidad. Entre los espacios de mayor importancia geológica y paleontológica destaca el parque de los Dinosaurios, en la provincia canadiense de Alberta. Este fascinante paisaje marcado por la acción erosiva esconde uno de los mayores yacimientos de fósiles del período cretácico temprano. La antigüedad de los numerosos vestigios hallados se estima en unos 75 millones de años, habiéndose encontrado hasta el momento unos 60 dinosaurios de 25 especies distintas, pertenecientes a siete familias.

Yellowstone, en los estados americanos de Wyoming, Montana e Idaho, fue el primer parque nacional del mundo, declarado bajo protección en el año 1872. Grandiosos saltos de agua, géiseres y una fauna rica en osos grizzli, leones de montaña, bisontes e incluso cisnes trompeteros ponen de manifiesto el carácter extraordinario de este territorio. Este volumen ofrece también un recorrido por el más famoso espacio patrimonial de Norteamérica, el parque nacional del Gran Cañón. Este desfiladero que alcanza los 1.800 metros de profundidad constituye un majestuoso espectáculo natural, único en el mundo.

Entre los monumentos más emblemáticos de la historia estadounidense destacan dos obras excepcionales: en su calidad de símbolo de nuevas esperanzas de futuro para millones de emigrantes, la estatua de la Libertad que preside el puerto de Nueva York; y el Independence Hall de Filadelfia, donde el 4 de julio de 1776 se firmó la Declaración de Independencia de las colonias americanas frente a Inglaterra.

Ejemplos extraordinarios de antiguos asentamientos humanos en Norteamérica son Pueblo Taos, los grandes poblados del cañón Chaco (Nuevo México) y las viviendas colgantes de los anasazi en Mesa Verde (Colorado). Todos ellos son testimonio de la cultura de los Pueblos, que estuvo extendida por el sudoeste del actual territorio de Estados Unidos hasta la llegada de los europeos en el siglo XVI.

También los monumentos del período clásico de la cultura maya ocupan un lugar importante en la lista del patrimonio de la humanidad de la Unesco, como por ejemplo las ruinas de Palenque, en México. En las paredes del templo de las Inscripciones de dicha ciudad se han encontrado numerosos jeroglíficos en piedra que, una vez descifrados, han revelado múltiples datos sobre la civilización maya. La ciudad en ruinas de Chichén Itzá, perteneciente también a las culturas maya y tolteca y situada en la península del Yucatán, contiene obras extraordinarias como la pirámide consagrada al dios Kukulkán, una cancha para practicar el juego ritual de la pelota, o el templo de los Guerreros.

La base para la protección a largo plazo de estos y otros valiosísimos monumentos culturales y naturales no solamente se recoge en la legislación de cada uno de los países en que se hallan emplazados, sino también en la «Convención concerniente a la protección del patrimonio mundial cultural y natural» de la Unesco, que data de 1972. En la actualidad esta convención, firmada por 147 naciones, constituye un instrumento jurídico de ámbito universal al que se acogen todos los tratados internacionales de protección del patrimonio. Hasta el momento, son ya casi 500 monumentos culturales y espacios naturales los contemplados por esta convención, asimismo incluidos en la lista del patrimonio mundial de la Unesco.

La inclusión en esta lista se realiza de manera selectiva, a partir de estrictos criterios, así como de informes independientes elaborados por organizaciones no gubernamentales: en lo que respecta a los bienes culturales, los informes son redactados por la Comisión Internacional para la Protección de Monumentos (ICOMOS), en tanto que la valoración de los bienes naturales es responsabilidad de la Unión Internacional para la Defensa de la Naturaleza (IUCN). Sin embargo, la lista del patrimonio mundial de la convención de la Unesco no es meramente una relación de los tesoros de la humanidad, sino que va ligada a la obligación de mantener y preservar esta herencia única para las generaciones venideras.

Así pues, a través de la lectura de esta obra le invito a embarcarse en un fascinante viaje iniciático por las maravillas del continente norteamericano. Estoy convencido de que también usted quedará entusiasmado con la belleza y el carácter extraordinario de los lugares que conforman el patrimonio de la humanidad.

Dr. Bernd von Droste zu Hülshoff
Director del Centro del patrimonio mundial de la Unesco

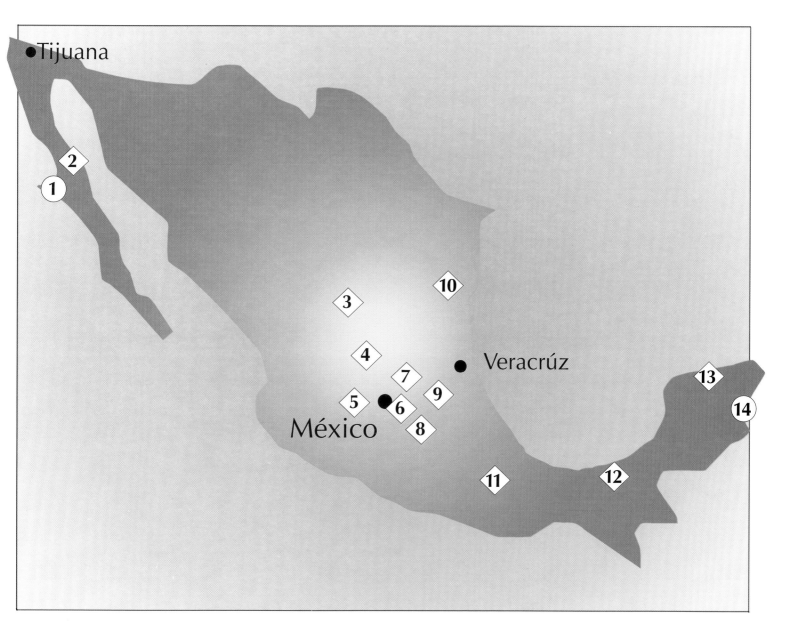

Tijuana

2

1

3

10

4

7

9 Veracrúz

5 6

México 8

11 12

13

14

México

○ 1 Reserva de la biosfera de El Vizcaíno
◇ 2 Pinturas rupestres de la sierra
   de San Francisco
◇ 3 Casco antiguo de Zacatecas
◇ 4 Centro histórico y minas de Guanajuato
◇ 5 Casco antiguo de Morelia
◇ 6 Centro histórico de Ciudad de
   México y Xochimilco
◇ 7 Teotihuacán
◇ 8 Los conventos del siglo XVI en las
   laderas del Popocatépetl
◇ 9 Centro histórico de Puebla
◇ 10 Ciudad precolombina de El Tajín
◇ 11 Casco antiguo de Oaxaca y ruinas
   de Monte Albán
◇ 12 Ruinas y parque nacional de Palenque
◇ 13 Ruinas de Chichén Itzá
○ 14 Reserva de la biosfera de Sian Ka'an

Índice

México

México

Reserva de la biosfera de El Vizcaíno

- Bahía de los Ángeles
- Guerrero Negro
- Guaymas
- Bahía Tortugas
- *golfo de California*
- El Vizcaíno
- Santa Rosalía
- Bahía Asunción
- *océano Pacífico*
- Loreto

Situación: En la península de Baja California, entre el golfo de California y el océano Pacífico.

Patrimonio de la humanidad desde: 1993.

Superficie: 5.548 kilómetros cuadrados.

Cuando llega la lluvia, algo poco frecuente, el desierto de la región central de la península de Baja California –un territorio de 12.000 kilómetros cuadrados de extensión– renace a la vida, se cubre de verde, y florecen los cactos y las yucas. El rocoso altiplano y el desierto de El Vizcaíno, que se extienden entre el golfo de California y la costa del Pacífico, constituyen el hábitat de una fauna de gran riqueza en especies. Pero un rincón verdaderamente único es la bahía de Vizcaíno, donde anualmente se reúnen las gigantescas ballenas grises para aparearse y parir.

La bahía de El Vizcaíno es mundialmente conocida por ser la cuna de la ballena gris: el apareamiento y parto de estos gigantescos mamíferos tienen lugar aquí, en su cálido cuartel de invierno.

En las aguas costeras de la península de la Baja California es frecuente la presencia de rorcuales (*Balaenoptera physalus*), que alcanzan entre 18 y 20 metros de longitud.

Página siguiente, fotos superiores: El mundo vegetal del desierto de El Vizcaíno, sobre la rocosa meseta de la Baja California, presenta una extraordinaria variedad de especies, en su mayor parte plantas robustas y provistas de pinchos.

Página siguiente, foto inferior: Leones marinos californianos (*Zalophus californianus*), reconocibles por su largo y afilado hocico, se entregan a sus juegos en las cálidas aguas de las lagunas costeras. Su ámbito natural se extiende desde Canadá hasta México.

Año tras año, en las aguas de la bahía de Vizcaíno se repite un bello espectáculo: entre los meses de diciembre y marzo acuden regularmente manadas de ballenas grises (*Eschrichtius robustus*) para aparearse o parir en las aguas poco profundas de las lagunas de Ojo de Liebre y de San Ignacio. Para ello, estos gigantescos mamíferos inician su viaje en las aguas árticas del mar de Bering y recorren 8.000 kilómetros frente a la Baja California. Prácticamente la mitad de las crías de ballena gris que nacen en el mundo lo hacen en las aguas de El Vizcaíno, por lo que la supervivencia de esta especie depende de la conservación de esta reserva natural marina. A principios del siglo xx la situación de la ballena gris era crítica. Desde que el británico Charles M. Scammon descubriera el lugar en el año 1857, los balleneros lo tuvieron fácil para llevar a cabo sus matanzas en estas aguas de escasa profundidad, y en unas pocas décadas redujeron la población a unos centenares de ejemplares. La situación sólo mejoró a partir de 1947, cuando la ballena gris fue declarada especie protegida.

El desierto vive

Ahora bien, las ballenas no constituyen la única atracción que ofrece la parte central de Baja California. También sus costas, el desierto de El Vizcaíno y la meseta de 2.000 metros de altitud están llenos de vida. A las zonas costeras alrededor de las lagunas poco profundas, que en la costa del océano Pacífico están pobladas de manglares, acuden anualmente unas 70.000 barnadas cuellirojas (*Branta bernicla*).

También se pueden contemplar focas (*Phoca vitulina*), leones marinos (*Eumetopias jubatus*) y elefantes marinos (*Mirounga angustirostris*), así como determinadas especies amenazadas de quelonios, entre las que cabe destacar la tortuga verde (*Chelonia midas*), la tortuga laúd (*Dermochelys coriacea*), la tortuga olivácea (*Lepidochelys olivacea*) o la carey (*Eretmochelys imbricata*). En las tierras secas y rocosas de la sierra, en las que los cactos, las yucas, las palmeras del género Idria y los almácigos (*Bursera* sp.) muestran todo el esplendor de sus flores, se pueden encontrar especies como el ciervo mulo (*Odocoileus hemionus*), el berrendo (*Antilocapra americana*), el big-horn (*Ovis canadensis*) y el zorro americano (*Vulpes velox*). La ardilla de la Baja California y algunas subespecies del murciélago de orejas de ratón (*Myotis myotis*) y de la rata canguro (*Dipodomys*) pueden considerarse endémicas de la península de Baja California.

La preservación de este original ecosistema es debido a que su inhóspito clima desértico lo hacía poco atractivo para el hombre. Lo mismo ocurría con sus lagunas, caracterizadas por ser extremadamente saladas y por estar cubiertas de tupidas alfombras de algas azules. En la actualidad se practica en la zona la pesca, la agricultura y la ganadería. A pesar de ello, el equilibrio ecológico en esta vasta reserva de la biosfera se mantiene en su mayor parte intacto, si bien los planes existentes para la construcción de unas grandes salinas en la laguna de San Ignacio podrían representar un serio peligro para las ballenas.

Pinturas rupestres de la sierra de San Francisco

- Bahía de los Ángeles

Pinturas rupestres de la sierra de San Francisco

Guerrero Negro

Guaymas

Bahía Tortugas

Bahía Asunción

Santa Rosalía

golfo de California

océano Pacífico

Loreto

Situación: En la región central de la península de Baja California, en el desierto de El Vizcaíno.

Patrimonio de la humanidad desde: 1993.

Se desconoce la autoría y la época de la que datan estas obras. Lo único cierto es que las pinturas rupestres halladas en la inhóspita sierra de San Francisco constituyen uno de los testimonios más importantes del arte precolombino. Las representaciones monumentales de personas y animales impresionan tanto por su colorido como por la habilidad técnica de su ejecución. El clima desértico, cálido y seco, de la península de Baja California –entre el golfo de California y la costa del Pacífico– ha conservado en perfecto estado estas valiosas pinturas rupestres en cuevas inaccesibles y entrantes de roca.

Se cree que la función de las monumentales figuras humanas y los poderosos ciervos que aparecen en esta pintura rupestre de la cueva de la Pintada era la de conjurar la suerte en la caza.

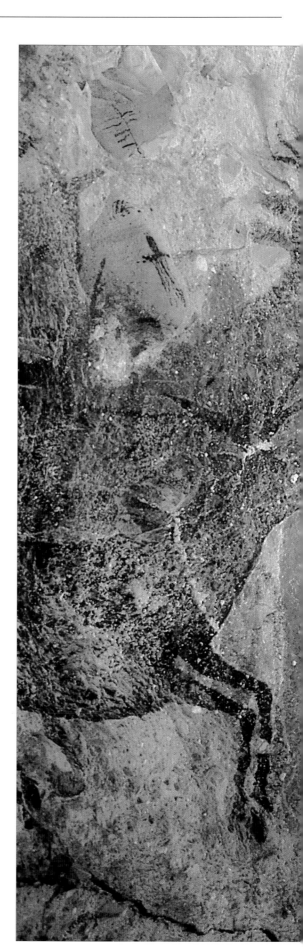

Para incrementar el impacto de los colores, estos artistas desconocidos pintaron a menudo sobre fondo blanco. Aquí se aprecian dos pájaros no identificados.

Esta pintura rupestre en la cueva del Enjambre del Hipólito representa a un pez. Algunos de los animales reflejados en las pinturas desaparecieron desde hace tiempo del territorio de la Baja California.

Exceptuando las escasas ocasiones en que lluvias torrenciales inundan los resecos lechos de los ríos y los transforman en peligrosas corrientes de agua, la zona meridional de la alargada península de Baja California se caracteriza por ser seca, polvorienta y calurosa, unas condiciones que convierten esta inhóspita región en una de las más despobladas de México. A pesar de ello, la sierra de San Francisco, que forma parte del desierto de El Vizcaíno, presenta unas pinturas precolombinas que por su número y tamaño, pero ante todo por su excelente estado de conservación, son únicas en su género. Hasta el momento se han descubierto 400 localizaciones con estas obras; 250 de ellas, entre las que se cuentan las pinturas más hermosas e importantes, se hallan en la sierra de San Francisco, en las proximidades de las poblaciones de San Francisco y Mulege.

De entre la fauna claramente identificada en las representaciones pictóricas –como pumas, linces, ciervos, carneros, tortugas, águilas, pelícanos, ballenas y diversos tipos de peces–, varias especies desaparecieron hace mucho tiempo de la Baja California, de lo que se deduce que el clima y, por lo tanto, la flora y la fauna de la península han experimentado cambios radicales con el transcurso del tiempo.

Viejos maestros precolombinos

Las pinturas rupestres descubiertas en las paredes y techos de estas cuevas situadas en lugares recónditos y de difícil acceso se remontan probablemente al período comprendido entre los años 1100 a. de C. y 1300 de nuestra era. Pero, a pesar del paso de los siglos, estas obras de arte rupestre han logrado conservarse intactas gracias a la sequedad del clima y a lo inaccesible de su localización. Las pinturas muestran personas y animales, en ocasiones de tamaño natural; con frecuencia las primeras aparecen portando armas, lo cual hace suponer que representan escenas bélicas y de caza.
En cuanto a las cuevas en sí, seguramente no fueron utilizadas como viviendas, sino como lugares de culto o como trampas para cazar animales.

Estos artistas rupestres ya emplearon unas técnicas sorprendentemente elaboradas. Mediante la imprimación del fondo, el dibujo del contorno y el sombreado conseguían unos efectos extraordinariamente plásticos, que se enriquecían mediante una completísima gama de colores, obtenida a partir de la trituración de roca volcánica. Sin embargo, nada se sabe acerca de los autores de estas magníficas pinturas. El pueblo culturalmente más avanzado de la Baja California era el de los guachimis, que habitaban la zona comprendida entre La Purísima y el extremo septentrional de la península. El jesuita Francisco Javier Clavijero, considerado el descubridor de estas pinturas, publicó en 1789 un relato sobre su viaje a través de la Baja California donde afirma que, según las leyendas de los indios, éstas habían sido realizadas por gigantes.

En los áridos y apartados parajes rocosos de la sierra de San Francisco se encuentran cuevas de difícil acceso, en las cuales se realizaron las pinturas, entre el año 1100 a. de C. y 1300 de nuestra era.

Casco antiguo de Zacatecas

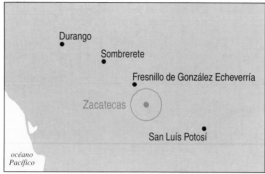

Situación: En el estado federado de Zacatecas, unos 620 kilómetros al noroeste de Ciudad de México.

Patrimonio de la humanidad desde: 1993.

Si bien los conquistadores españoles que en el siglo XVI llegaron a esta inhóspita región sólo descubrieron plata, ello no constituyó un freno para la actividad de los innumerables buscadores de oro de la época. Alrededor del cerro de la Bufa se fueron descubriendo sucesivamente un gran número de minas, y la ciudad de Zacatecas, en el extremo septentrional de la meseta central de México, se convirtió rápidamente en el centro económico de la región. Los patricios enriquecidos por la plata construyeron casas lujosas, en tanto que influyentes órdenes religiosas edificaron iglesias y utilizaron la ciudad como cabeza de puente para la cristianización de los territorios del norte.

Cuando la piedra rojiza de sus paredes resplandece bajo la puesta de sol, la catedral de Zacatecas, con sus dos torres y su fachada barroca extraordinariamente recargada, luce en todo su esplendor.

A fin de preservar
los delicados motivos
ornamentales de la fachada
de la catedral de los
perjudiciales excrementos
de los pájaros, ésta fue
cubierta con una fina
red protectora.

La ciudad minera de Zacatecas se encuentra a unos 2.500 metros de altitud en el extremo norte de la meseta de Anáhuac, en el límite entre el árido norte de México y la densamente poblada meseta Central. Al igual que en el caso de Guanajuato, ciudad situada en la Sierra Madre Occidental y enriquecida también gracias a las minas de plata, la ubicación de Zacatecas en un valle estrecho no permitió el trazado de calles perpendiculares, tan típicas de las ciudades coloniales. Dado que, sin embargo, era necesario un acceso lo más directo posible entre las numerosas minas y los talleres de fundición, más allá de las tres calles principales, paralelas entre sí, surgió un galimatías de callejuelas estrechas, a menudo muy empinadas, plazoletas y terrazas a diferentes niveles. La conservación del núcleo histórico, barroco en su mayor parte, se debe, paradójicamente, al declive económico de la ciudad que tuvo lugar a principios del siglo xx y que impidió la introducción de reformas urbanísticas.

Fiebre de la plata en el cerro de la Bufa

Poco se sabe acerca de los primeros habitantes de la árida región mesetaria del actual estado federado de Zacatecas, nombre que en lengua náhuatl significa «la tierra en la que crece la hierba zacate». Según los conocimientos actuales, la civilización india a la que se atribuye la fundación de La Quemada, ciudad en ruinas a 50 kilómetros al sur de Zacatecas, se extinguió en el siglo xiii. Por todo ello, los primeros españoles que, liderados por Juan de Tolosa, llegaron en busca de oro y plata al cerro de la Bufa (2.700 metros), la montaña que preside la ciudad, no debieron encontrar demasiados indígenas. A pesar de ello, en 1546 fundaron una ciudad y demostraron con ello un buen olfato para el preciado metal, pues ya a los dos años dieron con la primera veta de plata. A esta mina de San Bernabé le siguieron en el mismo macizo montañoso las minas de Veta Grande, Panuco y Albarrada, y la ciudad fue creciendo de mina en mina en dirección sur. Las dimensiones de la fiebre de la plata de aquella época pueden apreciarse por la circunstancia de que en 1550, es decir, sólo dos años después del descubrimiento de la primera, fueran ya 34 las minas explotadas. Por la famosa vía de la plata que unía Zacatecas y la ciudad de Guanajuato, situada a 300 kilómetros al sudeste, con Ciu-

Página siguiente: El atractivo contraste entre la sencilla bóveda blanca y el presbiterio de decoración recargada es un rasgo característico de las iglesias de Zacatecas, como se observa en la capilla de los Remedios.

El magnífico retablo tallado en madera que alberga la iglesia de Santo Domingo está completamente recubierto de pan de oro. Esta iglesia, que en otro tiempo perteneció a los jesuitas, se edificó hacia mediados del siglo XVIII.

dad de México, se transportaron durante la primera mitad del siglo XVII dos terceras partes de toda la plata extraída en las colonias españolas. La mina El Edén, que puede visitarse en la actualidad, permite apreciar las condiciones infrahumanas en que se trabajaba en aquella época.

Conventos, iglesias y otras construcciones

La plata proporcionó gran riqueza a Zacatecas, que rápidamente se convirtió en el motor económico de la región. También la Iglesia supo utilizarla como cabeza de puente para la cristianización del norte, ya que desde esta ciudad se controlaban todas las misiones hasta Texas y California. El interés estratégico que adquirió Zacatecas se demuestra por las magníficas edificaciones, tanto civiles como religiosas, que configuran su paisaje urbano.

El edificio más emblemático y arquitectónicamente más importante de la ciudad es la catedral, construida básicamente entre 1730 y 1760, obra maestra del arte churrigueresco. La magnífica fachada, de rica ornamentación, es un bello ejemplo de la típica conjunción mejicana de elementos decorativos indios y cristianos. Lamentablemente, en el curso de las numerosas revoluciones y guerras civiles se ha ido perdiendo la fastuosa decoración del interior, de estilo neoclásico.
Todo lo contrario ocurre con la iglesia barroca de Santo Domingo, de exterior poco aparente pero que acoge en su interior ocho retablos tallados de estilo churrigueresco y valiosas pinturas del siglo XVIII. Diversos conventos de la ciudad han sido últimamente objeto de ambiciosos proyectos de restauración: así, por ejemplo, la iglesia de San Agustín, en cuyo pórtico lateral se puede admirar el famoso relie-

ve que muestra la conversión del santo; o bien los conventos de San Luis Gonzaga y de San Francisco, que hoy albergan respectivamente los museos de Arte Moderno y el de Arqueología y Etnología.

El convento de Nuestra Señora de Guadalupe, considerado el más importante del siglo XVIII, se encuentra en las afueras de la ciudad. Las salas de este monasterio fundado por franciscanos en el año 1707 también han sido convertidas en un museo en el que hoy día se exponen valiosas pinturas de la época colonial. La fachada barroca con columnas de la iglesia –consagrada en 1721– impresiona por su rica ornamentación, y en su interior destaca la capilla de la Purísima, enteramente decorada con pan de oro. Es un tesoro del neoclasicismo, cuyo suelo está formado por un entarimado en madera de mesquite.

El edificio civil más emblemático de Zacatecas se alza en la plaza Hidalgo: el ac-
tual palacio del Gobierno fue construido en el siglo XVIII por un rico propietario minero como palacio privado. Este singular edificio, cuya superficie se distribuye en dos plantas, posee una hermosa fachada en la que destacan por su fuerza estética unos balcones de hierro forjado.

Dos testimonios interesantes de la historia industrial de la ciudad, fechados en el siglo XVIII, son el acueducto, que hasta 1921 llevaba agua potable desde el pozo El Cubo hasta la plaza de la Independencia, y la insólita estructura de hierro del mercado González Ortega, construido en el año 1888. La inconfundible atmósfera de una ciudad colonial en la que en otro tiempo fluyó la abundancia se ha mantenido en Zacatecas hasta nuestros días y convive armoniosamente con el ambiente industrial que destilan sus numerosas plantas siderometalúrgicas, donde se procesan los minerales de la sierra.

El palacio del Gobierno fue en otro tiempo la residencia de un acaudalado propietario de minas. Su patio interior está enmarcado por dos galerías de arcos.

Centro histórico y minas de Guanajuato

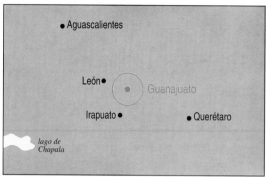

- Aguascalientes

León •   Guanajuato

Irapuato •   • Querétaro

lago de Chapala

Situación: En el estado federado de Guanajuato, unos 350 kilómetros al noroeste de Ciudad de México.

Patrimonio de la humanidad desde: 1988.

En su día, las inagotables minas de plata dieron fama y esplendor a esta pintoresca población situada en el centro de México. El aspecto uniforme de la ciudad, con sus importantes testimonios del barroco mejicano, mantiene viva la atmósfera del pasado colonial y permite adivinar la estrecha interconexión entre su história cultural e industrial. Los lugares simbólicos de la lucha por la independencia recuerdan el papel clave que esta población, convertida en ciudad en 1741, desempeñó en la revolución contra España. Guanajuato llegó incluso a ser, durante un mes del año 1858, la capital de la República.

La ciudad vieja de Guanajuato se extiende a los pies de las peladas laderas de la montaña. Las vetas de plata que encierra en su interior llevaron en otro tiempo la riqueza a este lugar.

Guanajuato, capital del estado federado del mismo nombre, se asienta en un circo de montañas, a 2.084 metros de altitud. El desarrollo de la ciudad ha discurrido inseparable y paralelamente a la actividad de explotación de sus minas de plata. En el año 1766 fue inaugurada la mina La Valenciana, que en poco tiempo se convirtió en una de las más rentables del mundo. Actualmente, sus galerías, situadas a 500 metros de profundidad, están de nuevo abiertas al público.

Con sus pintorescas calles y plazoletas y sus magníficos edificios barrocos y clasicistas, la antaño rica población minera es una de las más hermosas ciudades de la época colonial española. El trazado

Tres años más tarde el territorio ya había sido ocupado y sus fértiles tierras se habían repartido entre colonos españoles. Sin embargo, tras el hallazgo de los primeros yacimientos de plata en 1548, la población comenzó a nadar en la abundancia y se convirtió en el centro de la minería de plata de México. En señal de reconocimiento, la metrópoli le concedió el título honorífico de Santa Fe y Real de Minas Guanajuato.

En el siglo XVII la opulencia de la ciudad comenzó a reflejarse en magníficas construcciones religiosas de estilo churrigueresco, el recargado estilo barroco hispanomejicano. La antigua iglesia parroquial, la basílica de Nuestra Señora de

La basílica de Nuestra Señora de Guanajuato, con su fachada de estilo claramente neoclásico, data de finales del siglo XVII.

Foto derecha: En el interior de la basílica se conserva una preciosa talla de la Virgen del siglo VII, que fue regalada a la ciudad por el rey Felipe II de España.

de sus calles no sigue una pauta ortogonal sino que describe numerosas curvas. Ello se debe a que el núcleo urbano se ha ido configurando a lo largo del antiguo curso de un río, por el que hoy discurre la avenida Miguel Hidalgo, en parte subterránea. El tipismo del intrincado casco antiguo alcanza su máximo exponente en el estrecho y romántico callejón del Beso.

Plata para España

Los indios llamaban Cuanaxhuata (cerro de las ranas) al lugar que las tropas españolas mandadas por Nuño Beltrán de Guzmán alcanzaron por primera vez en 1526.

Guanajuato, cuya fachada es ya neoclásica, guarda como tesoro una talla de la Virgen del siglo VII, adornada con plata y piedras preciosas. Ésta fue donada por Felipe II de España a la ciudad en agradecimiento por los inmensos cargamentos de plata que recibía. También pueden admirarse magníficas fachadas churriguerescas en la pequeña iglesia franciscana de San Diego, así como en el templo de la Compañía, construido entre los años 1747 y 1767 por los jesuitas, quienes precisamente el mismo año de su conclusión fueron obligados a abandonar todas las colonias españolas.

La enorme influencia ejercida por los

El estilo churrigueresco
mejicano está representado
en Guanajuato en la fachada
principal del templo
de la Compañía.

Magníficos palacios, como la casa Rul y Valenciana, construida a finales del siglo XVIII en estilo neoclásico, dan fe de la enorme riqueza de que disfrutaron los poderosos propietarios de minas.

acaudalados propietarios de las minas de plata queda plasmada en edificios tan representativos como la casa Rul y Valenciana, palacio neoclásico del conde de Rul situado en el centro de la ciudad, o la iglesia de estilo barroco tardío de San Cayetano, en la carretera que conduce a Dolores, que el propietario de la famosa mina La Valenciana mandó construir con todo lujo entre 1765 y 1788.

Nuevo auge durante el Porfiriato

Pasadas las turbulencias de la revolución, la lucha por la independencia y de la guerra de reforma durante la primera mitad del siglo XIX, en los 35 años que duró la dictadura de Porfirio Díaz (1876-1911), Guanajuato conoció un nuevo auge económico gracias al capital extranjero que contribuyó de forma determinante a reflotar la actividad minera. Construcción típica de esta época, también conocida con el nombre de Porfiriato, es el teatro Juárez, inaugurado en el año 1903 por el propio dictador y caracterizado por una decoración interior inspirada en el estilo *fin-de-siècle* europeo.

Un ejemplo muy logrado de integración de la arquitectura moderna en el centro histórico lo constituye el monumental edificio blanco de la Universidad de Guanajuato, proyectado por Vicente Urquiaga en 1955 en un estilo colonial de fantasía, en el que destaca la incorporación de elementos árabes.

Levantamiento contra la potencia colonial

«¡Viva México! ¡Viva la Virgen de Guadalupe! ¡Viva Fernando!» Con este grito de batalla, que pasó a la historia como «grito de Dolores», el padre Miguel Hidalgo y Costilla inició el 16 de septiembre de 1810 la revolución contra el dominio colonial de España. El párroco de Dolores, una población a 55 kilómetros al nordeste de Guanajuato, había preparado el levantamiento de los criollos junto con el capitán Ignacio Allende y otros compañeros de lucha que reivindicaban la igualdad de derechos y la reforma agraria. Los insurrectos, mal armados pero en número cada vez mayor, llegaron hasta Guadalajara, donde Hidalgo estableció el primer gobierno rebelde.

A un joven minero, el Pípila (pavo), le cupo el honor de convertirse en héroe de la lucha libertadora en Guanajuato. En una acción individual logró dinamitar la puerta de la Alhóndiga de Granaditas, antiguo granero convertido por los españoles en fortaleza, con lo que facilitó la toma de la ciudad por Ignacio Allende y sus hombres.

Pero el éxito fue efímero y poco tiempo después las tropas monárquicas tomaron represalias contra los insurrectos. En 1811 los cuatro cabecillas -Allende, Hidalgo, Jiménez y Aldama- fueron decapitados en Chihuahua. Pusieron sus cabezas en salazón y luego las enviaron a Guanajuato, donde fueron colgadas de las esquinas de la Alhóndiga, hoy convertida en museo. Este cruel símbolo de triunfo se mantuvo expuesto durante diez años, hasta que en 1821, y tras cruentas luchas, España se vio obligada finalmente a reconocer la independencia de México a través del Tratado de Córdoba, firmado el 24 de agosto de dicho año.

Página anterior: Las callejuelas y plazas del centro histórico de la ciudad –como esta plaza del Baratillo– han conservado el encanto de tiempos pasados.

Casco antiguo de Morelia

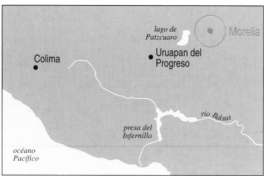

Situación: En el estado federado de Michoacán, 310 kilómetros al oeste de Ciudad de México.

Patrimonio de la humanidad desde: 1991.

La ciudad, que debe su nombre a su libertador, el sacerdote José María Morelos, y que en otro tiempo se llamara Valladolid, posee un casco antiguo que parece extraído de un libro de historia: fachadas renacentistas y exuberantes edificios barrocos, venerables iglesias y las instituciones culturales más antiguas del Nuevo Mundo, todo ello construido con la misma piedra de tonalidades rojizas.

La opulencia del barroco se ha sometido aquí a la rigidez del clasicismo: el amplio patio interior del palacio Clavijero, en otro tiempo un colegio jesuita, está estructurado siguiendo formas geométricas.

Las monumentales pinturas murales que adornan el magnífico patio interior del palacio del Gobierno cubren un total de 500 metros cuadrados de superficie

A orillas del célebre río Grande, y a medio camino entre Ciudad de México y Guadalajara, se encuentra la orgullosa ciudad colonial de Morelia, capital del estado federado de Michoacán. La planificación urbanística del casco antiguo sigue la distribución en damero en torno a la plaza de los Mártires o Zócalo, con el eje principal de la calle Madero, jalonada de suntuosos edificios. El extraordinario atractivo del conjunto es resultado del tono rojizo uniforme de sus edificaciones. Este color es el del material de construcción tradicionalmente empleado en el lugar, la porosa lava traquita.

La ciudad episcopal de Morelia es una de las más antiguas ciudades españolas de México, por lo que, además de magníficos edificios barrocos, cuenta también con testimonios de la arquitectura renacentista. Gra-

cias a una normativa estricta sobre el patrimonio arquitectónico, el casco antiguo de esta ciudad única se ha conservado casi intacto.

La primera iglesia de la ciudad

Cuando los primeros españoles, mandados por Cristóbal de Olid, llegaron a la zona comprendida entre el lago Cuitzeo, al norte, y el lago Pátzcuaro, al sur, la región estaba habitada por un grupo de indios matlatzinca. Éstos, huyendo de los aztecas, habían llegado apenas cien años antes a este territorio, controlado por los tarascos. Los españoles no tardaron en someter a estos últimos y, en 1537, el padre franciscano Juan de San Miguel fundó aquí una misión, con lo cual se inició la colonización española de la zona.

La iglesia de San Francisco es la más antigua de Morelia. Este templo franciscano todavía revela en su estilo algunas características renacentistas.

El interior de la catedral barroca fue construido durante el siglo XIX en estilo neoclásico: en la fotografía se aprecia un detalle de las pinturas del techo abovedado.

Pronto se abordó la construcción de la iglesia de San Francisco, probablemente terminada en el año 1546 y primera del total de veintiún templos con los que cuenta hoy la ciudad. La fachada renacentista situada bajo el campanario está decorada con elementos de estilo plateresco. Su claustro, como ocurrió con todos los demás, fue secularizado a mediados del siglo XIX y en la actualidad alberga un museo de artesanía popular. Otro bello ejemplo de la reconversión civil de edificios religiosos lo constituye el palacio Clavijero, construido en el siglo XVIII como colegio jesuita y hoy sede administrativa. En la correspondiente iglesia jesuita, construida entre 1660 y 1681, se aloja hoy una biblioteca pública.

Antigua ciudad de estudios

Esta ciudad, situada a 1.890 metros de altitud, fue oficialmente fundada en 1541 por Antonio de Mendoza, primer virrey de Nueva España, quien la bautizó con el nombre de Valladolid en recuerdo de su ciudad natal. En 1570 se convirtió en sede

episcopal y en 1582 en capital del estado de Michoacán. La ciudad alcanzó estas prerrogativas, tanto civiles como religiosas, tras la progresiva pérdida de influencia de la vecina ciudad de Pátzcuaro, motivada por la actitud de su obispo Vasco de Quiroga en defensa de los indígenas. A causa de la decadencia de Pátzcuaro, el colegio de San Nicolás, construido hacia 1540 y provisto de un patio interior bordeado por arcadas de dos pisos, fue trasladado a la futura Morelia en el año 1580. Después de la escuela de Santa Cruz de Tlatelolco, en Ciudad de México, es el más antiguo de todo el continente americano. La bella iglesia de Santa Rosa de la Lima, de estilo básicamente barroco, posee un doble pórtico con elementos renacentistas, mientras que al anexo conservatorio de las Rosas le cabe el mérito de ser el más antiguo del Nuevo Mundo.

En 1640 se iniciaron las obras del edificio más monumental de la ciudad, la imponente catedral barroca situada en el flanco este de la plaza de los Mártires o Zócalo. Más de cien años había de durar la construcción de este magnífico templo,

cuyas dos torres escalonadas y la cúpula revestida de azulejos de colores azul y blanco sobresalen por encima del casco antiguo. En el interior de la catedral, de estilo neoclásico, destacan una pila bautismal de plata maciza y el órgano, construido en 1903 en Alemania. La figura de Jesucristo que preside la sacristía está realizada con masa de caña de azúcar, y la corona de oro fue un regalo del monarca español Felipe II.

De sacerdote a revolucionario

Situada en un fértil valle de montaña, Morelia se convirtió en los siglos XVII y XVIII en una importante plaza comercial de productos agrícolas. En esa época, los ricos hacendados de los alrededores se hicieron construir lujosas casas representativas en el centro de la ciudad. También se produjo un florecimiento de la arquitectura civil, y entre 1732 y 1770 se procedió a construir enfrente mismo de la catedral el palacio de Gobierno, de estilo barroco. El palacio está provisto de un magnífico patio, decorado con monumentales mura-

les sobre temas relacionados con la historia mejicana, obra del artista local Alfredo Zalce.

La historia reciente también es evocada por dos edificios, actualmente transformados en museos, relacionados con el hijo predilecto de esta ciudad mejicana, el héroe libertador y religioso José María Morelos y Pavón (Valladolid, hoy Morelia, Michoacán, 1765-San Cristóbal Ecatepec, 1815). Se trata de su casa natal en la calle Corregidora, y de la casa de Morelos, en la avenida del mismo nombre, construida en 1758 y adquirida en 1801 por el combativo sacerdote. Morelos siguió los pasos del también sacerdote Miguel Hidalgo, ajusticiado en 1811. Después de fracasar en 1813 en su intento de expulsar a los españoles de la antigua Valladolid, se vio obligado a huir a las montañas de Michoacán, donde fue apresado. Juzgado por el tribunal de la Inquisición, fue condenado a muerte y posteriormente fusilado en el año 1815. Tras la victoria de la revolución se le rindió homenaje, en 1828, al rebautizar la ciudad de Valladolid con el nombre de Morelia.

Foto izquierda: Las dos torres y la magnífica cúpula de la catedral, situada en el Zócalo –la plaza principal de Morelia–, marcan el centro del casco antiguo de la ciudad.

Foto derecha: El pabellón de la Música, decorado con hierro forjado según el gusto del estilo europeo *fin-de-siècle* y con vistas a la plaza del Zócalo, data de finales del siglo XIX.

Centro histórico de Ciudad de México y Xochimilco

Situación: En el centro del altiplano mejicano.

Patrimonio de la humanidad desde: 1987.

Las opiniones sobre Ciudad de México son realmente controvertidas. Pero lo que nadie puede negar es la ambigua fascinación que ejerce la metrópoli, en la que confluyen las reminiscencias de la cultura azteca, la época colonial y una masificación urbanística caótica. Gigantescos edificios gubernamentales, la impresionante catedral y gran número de iglesias y palacios barrocos situados en el centro histórico dan testimonio de la tradición y el poder colonial de esta capital. Y las ruinas del templo Mayor, así como los jardines flotantes de Xochimilco, recuerdan que en este mismo sitio se encontraba antaño la esplendorosa capital del imperio azteca.

El magnífico retablo de la iglesia dominicana de Santo Domingo es obra de Manuel Tolsá.

Nadie podía prever que en las obras que se estaban realizando en el centro de la capital se efectuaría un hallazgo arqueológico tan sensacional. En 1978, cuando los obreros de una empresa eléctrica habían excavado unos dos metros, toparon con una enorme piedra que les impidió seguir trabajando. Al efectuar una limpieza superficial se constató que se trataba de unos relieves precolombinos, por lo que se dio aviso inmediato a los especialistas, que procedieron al examen de este monolito de 3,25 metros de diámetro. Los relieves

Un águila y jardines flotantes

Todavía no existe unanimidad acerca del momento exacto en que los aztecas abandonaron el norte y comenzaron a asentarse en la meseta central de México, a unos 2.200 metros de altitud. Según la mitología, el motivo del éxodo se debió a una profecía que obligaba al pueblo nómada de los mexicas (también nahuas, y posteriormente tenochcas, autodenominaciones de los aztecas), dirigido por su caudillo divino Tenoch, a asentarse en el lugar en

La catedral de Ciudad de México es la iglesia más antigua y de mayores dimensiones de toda América. Junto con la casa Sacramental, a su derecha, el enorme complejo domina la parte norte del zócalo.

correspondían al torso de una mujer guerrera, separado de cabeza y miembros, que representaba a Coyolxauhqui, diosa de la Luna y hermana de Huitzilopochtli, dios azteca del Sol y de la Guerra, quien había matado a aquélla en duelo en la montaña Coatepec. Este magnífico hallazgo confirmó que se había localizado el templo Mayor, santuario máximo de la legendaria capital azteca Tenochtitlán. En los años siguientes se realizaron excavaciones en los terrenos al nordeste de la catedral, que permitieron encontrar esculturas y tesoros artísticos de incalculable valor, expuestos en un moderno museo que recibe la afluencia de numerosos visitantes.

Página siguiente: El progresivo hundimiento de su base hizo necesario el apuntalamiento de acero en el interior de la catedral.

que encontraran un águila posada sobre un nopal devorando una serpiente (la misma águila que figura en el escudo del Estado mejicano).

La profecía se cumplió en una inhóspita isla en medio del lago Texcoco, hoy desecado. Teorías científicas fechan el asentamiento de este pueblo nómada hacia el año 1370. A su llegada, otras tribus más poderosas y desarrolladas ocupaban ya el valle y el lago mejicanos. Pero su carácter belicoso y una sagaz estrategia de matrimonios y alianzas políticas propiciaron el fulgurante ascenso del pueblo azteca, que en menos de 100 años convirtió Tenochtitlán en la ciudad más im-

portante de la América precolombina, con una población que, a principios del siglo XVI, alcanzaba probablemente el medio millón de habitantes.

Para solventar el notable obstáculo que suponía su carácter insular, los aztecas aplicaron un ingenioso sistema (utilizado varios siglos antes en Venecia) a base de diques y puentes que conectaban sucesivamente las múltiples islas del lago, incluso colmatando el espacio entre ellas, para aumentar la superficie practicable. De este modo, se creó una inexpugnable y vasta ciudad de canales, unida a tierra por tres grandes diques sobre pilotes. Cuando se agotaron los recursos hidráulicos de las islas, el abastecimiento de agua potable se solucionó mediante un gran acueducto que, desde las colinas de Chapultepec, en tierra firme, transportaba el agua hasta la ciudad.

Finalmente, la carencia de suelo cultivable se solventó con una obra maestra de la técnica agraria, que Alexander von Humboldt bautizó en el siglo XIX con el nombre de «jardines colgantes»: se trata de una tupida red de chinampas, balsas de caña sobre las cuales se extendía el fértil limo de los pantanos, que permitía a las raíces de las plantas cosechadas arraigar fácilmente al fondo del lago, de escasa profundidad. De este modo, los agricultores podían cultivar maíz, frijoles, chiles, calabazas, patatas y cacao, que luego eran transportados a la ciudad en barcazas. Las reminiscencias de esta técnica agraria se pueden observar todavía en Xochimilco (palabra náhuatl que significa «lugar de los campos de flores»), que es hoy una de las principales atracciones turísticas de la ciudad mejicana.

Paralelamente al desarrollo de esta ingeniosa infraestructura urbanística y agraria, Tenochtitlán se convirtió en una floreciente metrópoli. El núcleo de su recinto sagrado, rodeado por una «muralla de serpientes» (Coatepantli), estaba constituido por una pirámide de 100 x 80 metros de base y 30 de altura, cuya plataforma superior estaba ocupada por los templos de Huitzilpochtli y Tlaloc. Este conjunto monumental, junto a otros templos, lugares de culto y sacrificio, palacios, campos para el juego de pelota ritual y

Página anterior: El espléndido palacio de Bellas Artes impresiona por su decoración interior en el más puro estilo *art decó*. Sus salas de descanso y corredores exhiben pinturas murales de los más famosos pintores mejicanos.

Un descanso a los pies de las musas: la fachada del palacio de Bellas Artes está revestida con finísimos mármoles de Carrara.

mercados, fue el que maravilló a los españoles, encabezados por Hernán Cortés, que llegaron a la ciudad en 1519.

Una capital para el Nuevo Mundo

Tras el devastador proceso de colonización, se erigió sobre las ruinas de Tenochtitlán la capital de la Nueva España.

en la plaza de Ciudad de México un gigantesco monumento a la independencia, del que sólo llegó a construirse el zócalo.

La nueva capital creció con rapidez. Ya en 1528 fue sede episcopal, siete años más tarde residencia oficial del primer virrey de Nueva España, y en 1546 sede de la archidiócesis. En 1535 se creó el primer colegio, el colegio de Santa Cruz,

La iglesia de San Francisco formó parte antiguamente de un convento franciscano fundado en 1524, hoy ya desaparecido.

Las tareas de reconstrucción se iniciaron de inmediato. La planificación urbanística en forma de damero, alrededor de una enorme plaza rodeada por los edificios administrativos y la iglesia principal, se convirtió en prototipo de las ciudades coloniales del Nuevo Mundo. La llamada plaza de la Constitución, un cuadrado de 240 metros de lado, es hoy una de las mayores plazas urbanas de todo el mundo. El término de «zócalo» con que se conoce este sector urbano y, que en el siglo xix se generalizó como denominación para todas las plazas centrales de las ciudades coloniales, tiene su origen en el proyecto no realizado de levantar

y en 1551 la primera universidad del continente. En esta época la población volvió a aumentar, alcanzando una respetable cifra de 100.000 habitantes.

En el lugar donde antaño se alzaba el nuevo palacio de Moctezuma II, Hernán Cortés colocó en 1523 la primera piedra del palacio Nacional, que con sus 200 metros de fachada, todavía domina hoy el lado oriental del zócalo. Este palacio, construido con piedra volcánica de color rojizo, sufrió repetidas reformas y, tras el incendio de 1692, tuvo que ser reconstruido. La tercera planta, de estilo neocolonial, es obra de los años veinte del siglo xx. Se trata, probablemente, del edi-

La casa Sacramental, con
su estrecha fachada de
estilo churrigueresco,
se añadió en el siglo XVIII
al lado este de la catedral.

Sede del poder desde hace más de 500 años, primero del virreinato de la Nueva España y luego de la República de México: el monumental palacio Nacional ocupa toda la parte este del zócalo.

ficio más estrechamente ligado a la historia de México. En él residieron primero los virreyes españoles y luego los presidentes de la República; en él murió en 1872 el reformador Benito Juárez, y en 1914 fueron homenajeados los revolucionarios Pancho Villa y Emiliano Zapata. En la escalera que conduce desde el patio principal a la primera planta se pueden admirar los impresionantes murales en que Diego Rivera plasmó la agitada historia de México.

Baluarte del cristianismo

Un bello símbolo de la interacción entre poder civil y religioso que ha marcado desde siempre la historia del país, lo constituye la vecindad del palacio Nacional y la catedral, el edificio religioso más antiguo y de mayores dimensiones de América. En 1525 se inició la construcción en ese mismo lugar de un primer templo que, al ser considerado poco representativo, fue re-

introductor de este estilo en el Nuevo Mundo, fue también el autor de los retablos del altar de la Piedad y del altar de los Reyes (1718-1739), que se hallan expuestos en la catedral.

El lujo de los nuevos ricos

Gracias a la explotación de las minas y el comercio con metales nobles y demás mercancías coloniales, la ciudad y algunos de sus habitantes (exclusivamente españoles) acumularon en los siglos XVII y XVIII enormes riquezas, lo cual queda reflejado en la lujosa decoración de numerosas iglesias y casas patricias, como la casa de Azulejos y el palacio de Iturbide. La casa de Azulejos fue construida en el

emplazado a partir de 1576 por la actual construcción religiosa. Casi 250 años duraron las obras de la catedral, que consta de tres naves y cuenta con catorce altares laterales. La fachada barroca posee tres pórticos y está flanqueada por dos torres. A su lado se alza la casa Sacramental, inaugurada en 1768 y cuya portada es un bello ejemplo del churriguerismo mejicano, ampliamente representado en el centro histórico de la ciudad. Jerónimo Balbás,

siglo XVI en estilo mudéjar, y en 1747 el conde del Valle de Orizaba mandó revestir sus tres fachadas con valiosos azulejos estilo Talavera procedentes de Puebla. El palacio de Iturbide, donde residió el autoproclamado emperador mexicano Agustín de Iturbide (1783-1824), fue construido entre 1779 y 1785. Su fachada muestra una rica ornamentación barroca, con un portal de dos pisos de altura, balcones y rejas de hierro forjado.

La denominación de plaza de las Tres Culturas no es gratuita: sobre las ruinas del mercado central azteca de Tlatelolco se alza la iglesia franciscana de Santiago de Tlatelolco, rodeada de construcciones modernas del siglo XX.

El palacio de Bellas Artes es la edificación más espectacular del período de florecimiento económico bajo la dictadura de Porfirio Díaz (1876-1911). Debido a las turbulencias de la revolución, el edificio, destinado a representaciones operísticas, no pudo inaugurarse hasta 1937. Su fachada está revestida con mármol blanco de Carrara, el interior es de estilo *art decó* y el telón del gran escenario, de mosaico de vidrio.

La macrourbe

La industrialización y el éxodo rural de la población a lo largo del siglo xx provocaron un espectacular crecimiento de la gran metrópoli. Estos flujos inmigratorios, especialmente intensos en las décadas de los años sesenta y setenta, originaron una gran demanda de viviendas, que en muchos casos se ha satisfecho mediante planes de autoconstrucción, y, asimismo, la edificación de viviendas de mala calidad, que han dado lugar a numerosos y extensos barrios infradotados de equipamientos y servicios humanos. Éstas son las razones por las que más de veinte millones de personas viven en un Distrito Federal literalmente desbordado, que sigue recibiendo un flujo diario aproximado de 2.000 nuevos campesinos pobres.

Las anticuadas instalaciones industriales y los problemas de tráfico provocan un elevado grado de contaminación ambiental, agravada por el emplazamiento de la ciudad en una zona poco favorable a la ventilación atmosférica, que resulta muy perjudicial para el patrimonio arquitectónico. Otro problema lo está creando el inestable subsuelo del desecado lago Texcoco, y ya hoy puede apreciarse a simple vista cómo se están hundiendo, por ejemplo, la catedral y el palacio de Bellas Artes. Y todo ello en una zona especialmente afectada por los movimientos sísmicos, como demostró el devastador terremoto del año 1985. Aunque las autoridades responsables son plenamente conscientes del gran desafío al que han de enfrentarse, la belleza y el carácter único del patrimonio colonial de la ciudad deberían justificar la adopción de todas las medidas posibles para su salvación.

Los jardines flotantes de Xochimilco, que en otro tiempo abastecieron de hortalizas a la capital azteca, se utilizan todavía para el cultivo de flores y constituyen también una atracción turística.

Teotihuacán

Situación: En el estado federado de México, a unos 50 kilómetros al nordeste de Ciudad de México.

Patrimonio de la humanidad desde: 1987.

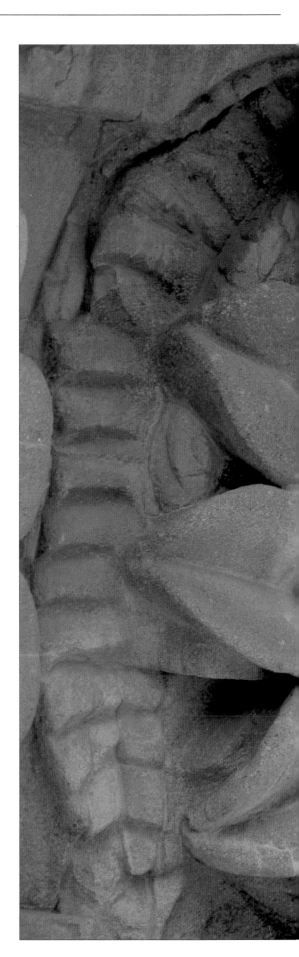

La misteriosa ciudad en ruinas de Teotihuacán está considerada como el enclave arqueológico más extenso e importante de México, a pesar de que hasta el momento sólo se ha excavado una décima parte de su superficie total. Nada se sabe todavía acerca de los habitantes de la que fuera la más poderosa metrópoli de Mesoamérica, ni sobre las causas de la repentina desaparición de esta civilización en el siglo VIII de nuestra era. No existen documentos escritos, pero sus esculturas, frescos y edificios han dado lugar a todo tipo de especulaciones, iniciadas ya por los aztecas, que descubrieron estas ruinas y las convirtieron en un lugar sagrado.

El dios Quetzalcóatl, la serpiente con plumas que aparece en la mitología de casi todas las culturas mesoamericanas, era venerado en Teotihuacán como una de las divinidades más importantes.

Los aztecas denominaron a este lugar Teotihuacán, el lugar donde se crean los dioses: aquí enterraban a sus caudillos y creían que éstos, una vez recibida sepultura, se convertían en dioses (Teotl). De momento no se conoce el nombre original de esta legendaria ciudad, quiénes la cons-

Foto central: La edificación más impactante en el recinto de los templos es la enorme pirámide del Sol, en la calzada de los Muertos, orientada teniendo en cuenta el trayecto del sol.

truyeron ni quiénes la habitaban. Posiblemente, nunca llegue a saberse, ya que cuando los aztecas la descubrieron en el siglo XIV y empezaron a utilizarla como necrópolis y lugar de culto, ya hacía siete siglos que estaba en ruinas. En el siglo XVI, los hombres de Hernán Cortés, acosa-

Una escalinata, de disposición ópticamente muy atractiva, conduce a la cima de la pirámide del Sol, que con sus 63 metros de altura, es la segunda más alta de México.

La Ciudadela,
rodeada de muros
y de paredes,
debe su nombre a
una equivocación
de los españoles,
que la tomaron por
una fortaleza defensiva.

dos por el pueblo azteca, no supieron apreciar el valor de aquellas grandiosas ruinas, y tuvieron que pasar otros tres siglos para que se «redescubriera» y reconociera su valioso legado artístico y cultural.

En 1864 el arqueólogo Ramón Almaraz inició los primeros estudios, y veinte años más tarde Désiré Charnay y Leopoldo Batres iniciaron las excavaciones. Aunque a este último le cabe el mérito de haber investigado el centro ceremonial, también es verdad que –al menos desde el punto de vista científico actual– causó notables daños debido a sus arbitrarias reconstrucciones. Sólo desde que, en 1962, el Instituto Nacional de Arqueología e Historia se hizo cargo del control de las excavaciones, éstas se realizan de forma sistemática. Se calcula que la zona puesta al descubierto hasta el momento, a lo largo de la llamada calzada de los Muertos, sólo abarca la décima parte de la extensión original de la ciudad, estimada en 36 kilómetros cuadrados.

Nace una ciudad-estado

La hipótesis más probable sobre la formación de la ciudad es la progresiva fusión de las pequeñas aldeas que, a partir del año 200 a. de C., se establecieron en la meseta central de México. Ya en aquella primera fase se erigieron las principales edificaciones que todavía se conservan, así como el eje central norte-sur. En una segunda fase, comprendida entre comienzos de nuestra era y el año 350 se construyeron las grandes pirámides y el templo de Quetzalcóatl, que consolidaron el lugar como centro de culto. Ya en la tercera etapa (350-650) se levantaron en torno al eje central ceremonial los edificios de arquitectura civil (palacios, viviendas) que conformaron su imagen urbana.

claro si éste fue provocado por unos invasores, por una revuelta de campesinos o por la misma casta sacerdotal.

Pirámides del Sol y la Luna

El eje principal del centro ceremonial excavado es una avenida de 40 metros de ancho y dos kilómetros de largo. Los aztecas la denominaron Miccaotli o calzada de los Muertos, por creer erróneamente que los edificios que la flanqueaban eran sepulcros. El enorme complejo de la llamada Ciudadela, en el extremo meridional, ha sido identificado como núcleo residencial y de culto de la clase sacerdotal. En el centro de la misma se alza el templo consagrado a Quetzalcóatl caracterizado por una rica decoración figurativa, poco característica de Teotihuacán. Las esculturas y muros de los restantes edificios habían estado originalmente recubiertos con estuco y frescos cromáticos.

La construcción más monumental, la pirámide del Sol, está orientada en función de precisas coordenadas astronómicas: el día del solsticio de verano, el sol se pone justo frente al eje de la fachada principal, y la calzada de los Muertos cruza ortogonalmente esta línea imaginaria. La base de esta pirámide, la mayor de México después de la de Cholula, mide 222 x 225 metros, lo que equivale a una superficie de cinco hectáreas. En 1971, en el zócalo de esta pirámide escalonada de 63 metros de altura (incluyendo el templo que la coronaba originalmente alcanzaba los 74 metros) se descubrió un sistema de galerías con cuatro cámaras, cuya función no se ha podido determinar.

En dirección norte, la calzada de los Muertos culmina en la pirámide de la Luna. Con sus cuatro terrazas, ésta sólo alcanza una altura de 46 metros, pero al estar emplazada sobre una elevación, su vértice se encuentra a la misma altura que el de la pirámide del Sol. El patio de aquélla está rodeado por templos más reducidos, como el de los Animales Mitológicos, el de la Agricultura y el palacio de los Jaguares, así llamados por las representaciones halladas en sus frescos.

El palacio de Quetzalpapálotl (palacio de la mariposa Quetzal), en la esquina sudo-

Teotihuacán alcanzó importancia económica gracias a la elaboración de la obsidiana, piedra volcánica de tonalidad gris verdosa, muy codiciada como materia prima para la fabricación de herramientas. En este estadio, la metrópoli ya había alcanzado la misma extensión que la Roma coetánea, y su población, calculada en 150.000 habitantes, correspondía a la de Atenas en su período de mayor esplendor. La mayor urbe del continente americano había llegado a su cenit, y ejerció su influencia sobre todas las civilizaciones posteriores, estableciendo ya las bases de la hegemonía político-económica de la meseta central mejicana.

Por todo ello, resulta aún más misterioso el repentino ocaso, a mediados del siglo VIII, de esta poderosa ciudad-estado teocrática. La espesa capa de cenizas que cubrían las ruinas permite sospechar que fue destruida por un devastador incendio, pero no está

este de la plaza de la pirámide de la Luna y presumible residencia de la casta sacerdotal, ha sido restaurado. A través de un atrio adornado con frescos se llega a un patio de arcadas sobre columnas rectangulares, rodeado de cámaras. Los fustes de las columnas aparecen decorados con bajorrelieves, que representan motivos de la mitología azteca como la mariposa Quetzal, aves y diversos símbolos acuáticos.

De los restos escultóricos y pictóricos hallados, se desprende la existencia de unos primitivos ideogramas que, de no ser por el brusco final de esta civilización, habrían desembocado en una escritura jeroglífica tan perfeccionada como la de la cultura maya.

Se ha interpretado que esta pintura mural de varios colores, hallada en un muro al borde de la calzada de los Muertos, representa a un jaguar.

La mitología de los aztecas

Según la mitología azteca, tras el ocaso del cuarto Sol, los dioses Nanauatzin y Tecciztecatl se autoinmolaron en Teotihuacán para renacer como el Sol y la Luna, y garantizar de este modo la perpetuación del universo durante el quinto Sol, la era de los aztecas. Esta división del tiempo en ciclos era típica de la religión azteca, para la cual cada 52 años terminaba un siglo, lo cual implicaba también la amenaza del fin del mundo.

Los aztecas habían adoptado esta división de los mayas: el último día de sus dos calendarios (el año ritual de 260 días y el año solar de 365) coincidía cada 52 años. Ese día se procedía a apagar todos los fuegos, limpiar a fondo los templos y las casas, y hacer sacrificios humanos en recuerdo a la autoinmolación de los dos dioses. Se trataba de una práctica ritual de indudable crueldad, que los españoles supieron aprovechar para reforzar su política de sojuzgamiento y cristianización. Sólo cuando a la mañana siguiente volvía a despuntar el sol, los sacerdotes aztecas sabían que por el momento el mundo seguía intacto.

En consecuencia, la jerarquía dentro del panteón azteca, compuesto por más de 100 dioses, estaba encabezada por Huitzilopochtli, el dios del Sol y de la Guerra que muere cada atardecer para renacer a la mañana siguiente. El segundo puesto correspondía a Tláloc, dios de la Lluvia y de la Fertilidad. Un papel muy especial desempeñaba Quetzalcóatl (Serpiente de plumas), que los aztecas habían adoptado de los toltecas y que era venerado como fundador del mayor grupo lingüístico de Mesoamérica, el de los nahua, del que también formaban parte los aztecas y los toltecas. Cuenta la leyenda que Quetzalcóatl, a quien estaba consagrado un magnífico templo en Teotihuacán, había sido un monarca sabio y virtuoso hasta cierto día los intrigantes de la corte le dieron a beber alcohol para emborracharlo. En estado de embriagez abusó de su hermana, y a la mañana siguiente, avergonzado de tal acto, se arrojó a las llamas y de su corazón nació el planeta Venus. Pero según otra variante de la leyenda, este rey barbudo y de tez clara huyó de su tierra navegando hacia levante. Ello explicaría el fatal error de los aztecas, quienes al ver a Hernán Cortés creyeron que se trataba de Quetzalcóatl que regresaba junto a los suyos.

Desde la cima de la
pirámide de la Luna
se disfruta de la mejor
panorámica sobre el
recinto de los templos,
de estricta disposición
geométrica, que alberga
esta misteriosa ciudad.

Los conventos del siglo XVI en las laderas del Popocatépetl

Situación: En los estados federados de Morelos y Puebla, en la franja meridional de la meseta mejicana.

Patrimonio de la humanidad desde: 1994.

La cristianización de México se inició en el siglo XVI, inmediatamente después de que los españoles lo conquistaran. Diversas órdenes religiosas mandaron edificar monasterios fortificados, con plazas amuralladas y espaciosas capillas abiertas, sobre todo en la zona densamente poblada que se extendía alrededor de la actual capital de México. De este modo, en las laderas del macizo del Popocatépetl surgió un prototipo de misión católica que en pocas décadas se extendió por todo el país.

Los monjes agustinos construyeron, entre 1570 y 1600, el convento y la iglesia de Atlalahuacán. A la izquierda, junto a la austera fachada de la iglesia, se aprecia la capilla abierta.

La cuna del cristianismo latinoamericano fue la meseta central de México, muy cerca de la antigua capital azteca de Tenochtitlán, hoy Ciudad de México. Los primeros conventos fundados por monjes españoles aparecieron en las laderas del macizo dominado por el volcán Popocatépetl durante los años veinte y treinta del siglo XVI. Y desde aquí se propagaron hasta alcanzar los estados de Texas y California.

Sin embargo, estos conventos no son sólo importantes como germen del cristianismo, sino que además determinaron las características de la arquitectura religiosa de todo México.

Por un lado, las misiones habían sido proyectadas como núcleo de futuras poblaciones. Por el otro, la disposición arquitectónica debía simbolizar los valores religiosos de la nueva fe. Además, su funcionalidad debía facilitar una conversión masiva y rápida de los indígenas. Este último aspecto dio lugar a la típica combinación de espacios cerrados y abiertos, característica de los conventos mejicanos, puesto que los indios estaban acostumbrados a celebrar sus ceremonias religiosas al aire libre. Algunos de los elementos típicos de esta arquitectura son

los atrios con pequeñas capillas o posas en las esquinas, y las capillas abiertas de mayor tamaño. Entre las últimas destaca la de la catedral de Cuernavaca, con su magnífica cúpula en forma de concha.

Conversión forzada

Los hombres de la Iglesia acompañaban siempre al séquito de los conquistadores españoles. Sus intereses se complementaban perfectamente: cuando los obstinados paganos se resistían a ser convertidos, el ejército tenía el pretexto ideal para someterlos por la fuerza. Bartolomé de las Casas (1474-1566) –que llegó a ser obispo de Chiapas– fue uno de los pocos clérigos que intercedieron ante la corona española en favor de los indios.

En 1523, dos años después de que Hernán Cortés llevara a cabo la cruenta conquista de la capital azteca Tenochtitlán, llegaron a México los doce primeros franciscanos. Tres años más tarde lo hicieron los dominicos y, en 1533, los primeros padres agustinos.

Las primeras misiones se establecieron de modo deliberado en una zona densamente poblada de indios ubicada al sur

Nave lateral del convento franciscano de Cuernavaca. En 1525 se fundó la sede matriz de la orden y en 1533 se construyó la catedral.

Página siguiente: El convento dominicano de Nuestra Señora de la Natividad, al pie de las escarpadas paredes del barranco de Tepoztlán, parece una auténtica fortaleza.

Página siguiente: Pórtico principal de la iglesia del convento de Tochimilco. En este lugar, situado 50 kilómetros al sudoeste de la ciudad de Puebla, los franciscanos fundaron su cuarto monasterio al pie del Popocatépetl.

Al sudeste de Ciudad de México se alza el macizo del volcán Popocatépetl, de 5.452 metros de altitud, en cuyas laderas fueron edificados numerosos conventos en el transcurso del siglo XVI.

de Ciudad de México. En 1525 los franciscanos encargaron a Francisco Becerra la construcción de su sede central en Cuernavaca, desde donde se expandieron hacia el sur y el oeste; fundaron la primera misión de la ladera oriental del Popocatépetl en Huejotzingo, a la que siguieron las de Calpan y Tochimilco, en la ladera meridional. En 1528 los dominicos construyeron su primer convento, provisto de enfermería, en Oaxtepec.

Dado que la fuerte resistencia de las tribus locales impidió el establecimiento de una misión en Tepoztlán –proyecto que no pudo ser llevado a cabo hasta el año 1560–, los dominicos se dedicaron a ampliar su área de influencia hacia el sudeste, en dirección a Oaxaca, y se establecieron en Tetela del Volcán y Hueyapan. Los agustinos, por su parte, partieron de su sede en Ocuituco (1534), y fundaron las misiones de Totolapan y Yecapixtla en el oeste, y las de Atlalahuacán, Zacualpan y Tlayacapan, en el sur.

Entre 1525 y 1570 se construyeron en esta región más de un centenar de conventos, y a finales de siglo la cifra ya alcanzaba los 300.

A partir del año 1563, como consecuencia del Concilio de Trento, las órdenes misioneras vieron limitadas sus libertades, y muchas iglesias conventuales fueron convertidas en iglesias parroquiales. Finalmente, en 1859, el gobierno de Benito Juárez prohibió las órdenes religiosas y el Estado se hizo cargo de los conventos,

convirtiéndolos en muchos casos en hospitales o escuelas.

Arquitectura normalizada

Estas iglesias conventuales seguían siempre el mismo esquema arquitectónico y la misma planificación constructiva. Primero se construía el atrio con las correspondientes posas y luego, si entraba dentro de los planes, una capilla abierta provisional. A continuación se erigían la nave de la iglesia y las demás edificaciones y, en último lugar, las torres, las capillas laterales, a veces un segundo atrio y los pisos superiores.

Un elemento característico de esta arquitectura es el atrio, un patio rectangular de entre 50 y 80 metros de ancho y entre 80 y 120 metros de largo. Podía estar situado a nivel del suelo, en un terreno rebajado, o bien sobre una elevación, y se rodeaba con un muro de hasta cinco metros de alto. En cada una de las esquinas se erigía una posa, es decir, una pequeña capilla cubierta por una cúpula, en la que se guardaban los utensilios necesarios para impartir los sacramentos.

De esta forma, en las capillas mayores, todas ellas abiertas y por regla general proyectadas de modo que entroncaran con la fachada lateral del futuro templo, podían iniciarse muy pronto los servicios religiosos al aire libre.

Los templos propiamente dichos acostumbraban a ser de planta sencilla –una sola nave con bóveda de cañón o de crucería–, aunque a veces podían alcanzar grandes dimensiones. Los edificios conventuales se construían generalmente a sotavento, es decir, en el lado meridional de las iglesias. Se agrupaban en torno a un pequeño patio cuadrado con claustro de dos plantas.

Entre los numerosos conventos de la época, la Unesco ha seleccionado catorce que, por su arquitectura y disposición, son representativos de las misiones del siglo XVI. Entre ellos se encuentran los de Atlalahuacán, Cuernavaca, Tepoztlán, Tlayacapan, Totolapan, Yecapixtla y Zacualpan de Amilpas, en el estado federado de Morelos; y Calpan, Huejotzingo y Tochimilco, en el de Puebla.

Centro histórico de Puebla

Situación: En el estado de Puebla, al sudeste de Ciudad de México, junto al río Atoyac.

Patrimonio de la humanidad desde: 1987.

Antiguamente se decía que los poblanos, como eran llamados los habitantes de Puebla, se sentían atraídos por el lujo, cosa que puede comprobarse fácilmente al contemplar esta hermosa ciudad. La prosperidad colonial se manifiesta en muchos edificios decorados con azulejos y estuco, así como en sus numerosas y magníficas iglesias. Y, a modo de símbolo de la sustitución de una civilización por otra, tras la sangrienta masacre de Hernán Cortés en 1519, la vecina ciudad de Cholula, antaño orgullo de la cultura azteca, se vio sumida en el olvido, al tiempo que florecía el núcleo urbano de Puebla, ciudad de corte europeo.

La ampulosidad marca el estilo del barroco pastelero: en la casa de Alfeñique, concebida como un palacio privado, se aloja en la actualidad el museo regional del estado federado de Puebla.

Para la decoración interior
de la catedral de Puebla
no se reparó en gastos,
empleando con profusión
materiales como el mármol,
el ónix y los cantos dorados.
Las magníficas bóvedas
fueron incorporadas al
templo con posterioridad.

Cuentan que fueron los ángeles quienes, descendiendo del cielo con unas cuerdas tensadas, trazaron las calles rectilíneas de Puebla, con razón denominada originalmente Ciudad de los Ángeles. De manera más prosaica cabe suponer que fueron los colonizadores quienes planificaron las vías urbanas siguiendo estrictamente el esquema en damero, aunque el nombre original perduró hasta bien entrado el siglo XIX. Hoy la ciudad lleva oficialmente el nombre de Puebla de Zaragoza, en homenaje al general Ignacio Zaragoza, quien en 1862 logró expulsar temporalmente de la ciudad a las tropas francesas.

Esta rica y multicolor urbe, a medio camino entre Ciudad de México y Veracruz, se alza en un fértil valle mesetario a 2.161 metros de altitud, junto a la sierra Volcánica Transversal. Ésta cruza el país desde el Pacífico hasta la costa del Golfo, jalonada por los volcanes ya inactivos Popocatépetl (5.452 metros) e Itzaccíhuatl (5.286 metros) al oeste de Puebla, La Malinche (4.461 metros) al nordeste, y la montaña más alta de todo México, el Citlaltépetl o pico de Orizaba (5.747 metros) al este. A pesar de su esplendor urbanístico, la importancia histórica y cultural de Puebla se basa en la interacción con la vecina ciudad de Cholula, importante centro religioso de los aztecas, cuyo origen se remonta a más de 2.500 años, y que por lo tanto es uno de los núcleos urbanos más antiguos de Mesoamérica.

Cuando en 1519 Hernán Cortés avanzó desde Veracruz hasta Cholula, esta floreciente ciudad estaba en manos de toltecas y chichimecas, que adoraban a Quetzalcóatl, una de las más poderosas deidades aztecas. El conquistador español ordenó un sangriento ataque, que aniquiló la ciudad en pocas horas. Sin embargo, la importancia que tuvo en su día la ciudad de Cholula sigue patente ante todo en la gran pirámide principal, que con una base de casi diecisiete hectáreas posee un volumen mayor que el de la pirámide de Keops en Egipto. Con la construcción de la iglesia de Nuestra Señora de los Remedios sobre la enorme pirámide, los españoles introdujeron el primer símbolo de una nueva era, fundando en 1531 una ciudad en las inmediaciones: la actual Puebla.

Una nueva era, una nueva ciudad

Julián Garcés, obispo de Tlaxcala, fundó a doce kilómetros al este de Cholula, en pleno campo, una ciudad de nueva planta a la que bautizó con el nombre de Ciudad de los Ángeles. A los pocos años trasladó la sede episcopal a este nuevo núcleo urbano, que desde entonces se llamó Pue-

En el México católico, las fiestas religiosas determinan el curso del año: detalle de una procesión ante el templo de San Francisco, iglesia del convento franciscano erigida en 1551.

Desde el patio de la iglesia barroca de Santo Domingo puede contemplarse la capilla del Rosario que, con su preciosista decoración, es una de las joyas arquitectónicas de Puebla.

bla de los Ángeles. Estratégicamente situada en el camino hacia Ciudad de México, Puebla se convirtió muy pronto en un importante centro comercial de la región agrícola, y todavía aumentó más su riqueza con la fabricación de los codiciados azulejos de Talavera, pintados a mano según la tradición hispanoárabe.

A la predilección de los pueblanos por los bellos azulejos de Talavera se debe que el centro histórico ofrezca un aspecto tan vistoso y multicolor. Buen ejemplo de ello es la casa de Alfeñique y la casa de las Muñecas, ambas de finales del siglo XVIII, con sendas fachadas decoradas con estuco. La casa del Deán, de 1580 y con un magnífico portal renacentista, es una de las más antiguas edificaciones civiles de la arquitectura europea que se conservan en América. En el palacio arzobispal se encuentra

una de las bibliotecas más decanas y mejor dotadas de Latinoamérica, la biblioteca Palafoxiana, fundada en 1646 por el obispo navarro Juan de Palafox, que contiene unos 50.000 volúmenes.

Una de las iglesias más famosas, la segunda catedral del país después de la de Ciudad de México, se halla ubicada en la plaza de la Constitución, el zócalo de la ciudad. De impresionante arquitectura renacentista, se inauguró en 1649.

A mediados del siglo XIX, durante la guerra entre México y Estados Unidos, y también en el transcurso de la Revolución Mejicana (1910-1920), Puebla fue escenario de violentos enfrentamientos. Sin embargo, no ha perdido su aura de ciudad fascinante, casi española, que es a menudo comparada, no sin razón, con la ciudad fortificada de Toledo.

Hernán Cortés

Hernán Cortés, nacido en Medellín (Badajoz) en 1485, fue uno de los más activos y crueles conquistadores españoles del Nuevo Mundo. En 1511 tomó parte en la conquista de Cuba dirigida por Diego de Velázquez, y en 1519 ya obtuvo el mando de la expedición al imperio azteca, aunque sin instrucciones de aniquilar aquella cultura. En abril de dicho año, y al frente de 500 hombres, llegó a la costa del Golfo de México, donde fundó la primera ciudad española del Nuevo Mundo: la Villa Rica de la Vera Cruz, hoy Veracruz. Los indios recibieron a los recién llegados con muestras de hospitalidad, creyendo posiblemente que se trataba de sus propios dioses que regresaban al país, y en señal de amistad, ofrecieron a la princesa Malitzin (Malinche) como regalo para Cortés, que la hizo su amante e intérprete

En su avance hacia la legendaria ciudad de Tenochtitlán (hoy Ciudad de México), Cortés llevó a cabo el ya mencionado baño de sangre en Cholula. El 8 de noviembre de 1519 entró en Tenochtitlán y tomó prisionero a Moctezuma. Poco después se vió obligado a combatir a las tropas españolas que Velázquez había enviado para poner freno a sus ansias de poder. Pero apenas regresó a Tenochtitlán se produjo la misteriosa muerte de Moctezuma en la prisión española, lo cual encolerizó al pueblo azteca, que lo expulsó de la ciudad (1520). A este acontecimiento conocido como la «noche triste», añade la leyenda que muchos de los hombres de Cortés veían dificultada su huida por las grandes cantidades de oro que acarreaban.

Un año más tarde, y con la ayuda de sus aliados los tlaxcaltecas, logró reconquistar la ciudad. Este mismo año fue nombrado capitán general y virrey de Nueva España, cargo que ostentó hasta 1528. En 1540 regresó definitivamente a España, donde murió el 2 de diciembre de 1547.

Augustín de Ovando Cáceres Ledesma Núñez de Villavicencio era el rimbombante nombre del influyente magistrado y regidor que mandó construir la casa de las Muñecas; y con igual grado de ampulosidad hizo decorar su casa.

Ciudad precolombina de El Tajín

Situación: En el estado federado de Veracruz, unos 200 kilómetros al nordeste de Ciudad de México, junto a Poza Rica.

Patrimonio de la humanidad desde: 1992.

Durante más de quinientos años la espesa selva mantuvo oculta esta misteriosa ciudad. Tras su descubrimiento transcurrieron aún ciento cincuenta años antes de que se iniciaran las excavaciones sistemáticas. Actualmente, las ruinas de El Tajín, en la costa del golfo de México, se consideran uno de los recintos sagrados de los totonecas y los huaxtecas mejor conservados de la época precolombina. Las canchas del ritual juego de la pelota, decoradas con bajorrelieves muy ilustrativos, así como la pirámide de los Nichos, son los principales atractivos de esta ciudad dedicada al dios de los relámpagos y los ciclones.

La trascendencia del ritual del juego de la pelota queda patente en un bajorrelieve que decora la cancha Juego de Pelota Sur de El Tajín: muestra el sacrificio de uno de los jugadores a manos de un sacerdote.

En 1785, en plena selva costera del golfo de México, el español Diego Ruiz descubrió casualmente las ruinas de los templos de El Tajín, cubiertas por la espesa vegetación. De este modo, puso fin a los más de quinientos años de letargo en que había estado sumida esta ciudad precolombina. Pero la inaccesibilidad del lugar, las serpientes venenosas y las legiones de insectos dificultaron las labores de los científicos, rodeando a esta ciudad fantasma del aura de misterio que todavía conserva.

Un total de diecisiete canchas para practicar el juego de la pelota, diseminadas por la ciudad, dan una idea de la importancia que éste tuvo en su época y permiten deducir que El Tajín debió ser un centro para la práctica de ese juego ritual.

Foto central: Única en su estructura arquitectónica y perfecta en su realización, la pirámide de los Nichos, dedicada al dios de la lluvia y los vientos, constituye uno de los símbolos más emblemáticos del recinto sagrado de El Tajín.

Tuvieron que transcurrir aún más de cien años antes de que, a partir de 1934, se iniciaran las excavaciones sistemáticas. A causa del apartado y difícilmente accesible emplazamiento de la ciudad, que obligó a postergar el inicio de las labores de exploración y reconstrucción, se utilizaron sistemas más modernos que en otras excavaciones como, por ejemplo, la de Teotihuacán. Se evitaron así los destrozos cometidos, aun con la mejor voluntad, en esta última ciudad precolombina.
Dado que hasta ahora únicamente se ha puesto al descubierto la zona ceremonial (alrededor de la décima parte del recinto total) y que los trabajos están en plena marcha todavía, los expertos no cesan de obtener nuevos datos. Así, por ejemplo,

Al norte de la pirámide de los Nichos se extiende, sobre un terraplén artificial, El Tajín Chico, la ciudad superior: en primer plano, a la izquierda, se aprecia el edificio C, con nichos falsos simulados en relieve.

se creyó en un principio que la ciudad había sido construida por los totonecas, pueblo que la habitaba cuando llegaron los españoles; pero más tarde se atribuyó su origen a los huaxtecas, emparentados con los mayas. La misma incertidumbre preside la fecha de fundación de la ciudad, inicialmente datada hacia el año 200 d. de C., aunque ahora se cree que las actividades arquitectónicas se desarrollaron entre los años 800 y 1200. Con ello El Tajín vendría a cubrir, precisamente, el vacío comprendido entre el ocaso de Teotihuacán y la época de esplendor de la capital azteca de Tenochtitlán. En todo caso, esta ciudad totoneca, que en sus últimos tiempos también muestra influencias toltecas, fue destruida y abandonada alrededor del año 1200.

Dioses y sagrados juegos de pelota

La ciudad sagrada de El Tajín, que en lengua indígena quiere decir rayo o huracán, estaba dedicada al dios responsable de dichos fenómenos naturales, que recibía el nombre de Tajín o Huracán, de donde

se ha derivado la palabra castellana. Quienes hayan podido contemplar cómo en la época de lluvias las tormentas estivales azotan la zona de las ruinas, comprenderán por qué fue elegido precisamente este lugar para construir el santuario del dios de los relámpagos.

El recinto de las ruinas de El Tajín comprende tres zonas perfectamente diferenciadas: la ciudad inferior, la ciudad superior, ubicada sobre un terraplén artificial de siete metros de altura, y denominada El Tajín Chico, y el vecino complejo del edificio de las Columnas.

Una característica especial de la ciudad inferior son las numerosas canchas para el ritual juego de pelota, de las que hasta ahora se han hallado diecisiete. Todo apunta a que la ciudad debió ser el centro de este juego sagrado tan difundido en la época. Como se desprende de las narraciones de los conquistadores españoles y de los numerosos bajorrelieves en piedra todavía conservados, los jugadores, que se enfrentaban individualmente o en equipos en una cancha alargada, iban equipados con protectores en rodillas y piernas.

Tenían que lanzar una pequeña pelota de caucho a través de dos anillas de piedra fijadas a las paredes, y sólo podían impulsarla con la cadera, las nalgas o las rodillas. Esta bola simbolizaba al sol, y bajo ningún concepto podía tocar el suelo, por lo que tenía que estar en continuo movimiento.

Los bajorrelieves en las paredes de la mayor de las canchas excavadas hasta el momento, la llamada Juego de Pelota Sur, muestran escenas de este deporte, entre ellas el sacrificio ritual del jugador perdedor a manos del sacerdote. Pero últimamente se duda sobre si el jugador sacrificado sería el vencedor, ya que, según la lógica azteca, a los dioses sólo podía ofrecérseles lo mejor.

Un calendario de nichos

La construcción más importante y sorprendente es la pirámide de los Nichos, consagrada al dios de la lluvia y de los vientos. Tiene una altura de 18 metros y una base cuadrada de 36 metros de lado. Los siete niveles, separados entre sí por cornisas, están formados por sucesivos nichos cuadrados. En el lado este, una empinada escalinata conduce hasta el nivel superior. Se ha calculado que, originalmente, la pirámide contaba con 365 nichos, por lo que se supone que debió desempeñar funciones de calendario astronómico. Algunos de estos nichos –uno para cada día del año solar– estaban pintados en vivos tonos rojos y azules, y toda la parte exterior de la pirámide estaba revestida con ornamentos de estuco.

Todo el conjunto de las ruinas está dominado por el edificio de las Columnas, igualmente decorado con nichos, y que ya muestra influencias toltecas. Es probable que las gigantescas escalinatas sólo tuvieran valor decorativo, por lo que se emplearían escaleras de madera para llegar a las salas. Este edificio de 45 metros de altura debe su nombre a los fustes de las columnas (de 1,10 metros de diámetro) de la parte frontal, que debieron formar una galería en la parte delantera. Los bajorrelieves que embellecen dichas columnas dan testimonio de la vida religiosa de los habitantes primitivos de El Tajín.

Las impresionantes ruinas de El Tajín se hallan algo apartadas de las principales rutas turísticas de México, y se encuentran por ello en un buen estado de conservación.

Casco antiguo de Oaxaca y ruinas de Monte Albán

Situación: En el estado federado de Oaxaca, unos 550 kilómetros al sudeste de Ciudad de México.

Patrimonio de la humanidad desde: 1987.

Un clima agradable, la placidez mediterránea de sus habitantes y la bella imagen urbana colonial se combinan a la perfección en la ciudad de Oaxaca, situada en el sur de México. Pero los españoles que, ya a principios del siglo XVI, eligieron este fértil altiplano para fundar una nueva ciudad no fueron los primeros en apreciar las ventajas de esta zona. Dos milenios antes ya existió en el cercano monte Albán y en sus alrededores una magnífica ciudad, construida y ampliada sucesivamente por las tribus de los olmecas, zapotecas y mixtecas. En estas vastas ruinas fue descubierto en 1932 el tesoro de los mixtecas.

La patrona de Oaxaca, la virgen de la Soledad, preside el portal de la basílica de Nuestra Señora de la Soledad, construida hacia finales del siglo XVII.

La iglesia de Santo Domingo, con su hermosa fachada de estilo barroco, es la más importante de Oaxaca. Forma parte de un convento dominico construido a modo de fortificación.

Quien haya contemplado alguna vez el pabellón de música, asistido a la multicolor actividad de los comerciantes, limpiabotas y viandantes ociosos a la sombra de los laureles indios, o vivido los cálidos atardeceres en alguno de los viejos cafés bajo las arcadas, comprenderá que el zócalo de Oaxaca sea considerado uno de los más hermosos del país. O que la ciudad en su conjunto siga conservando su tranquilo sabor colonial. A todo ello contribuye el agradable clima de este valle subtropical, bordeado por las altas montañas de la sierra Madre del Sur.

No es de extrañar que también los conquistadores llegados en el siglo XVI se enamoraran de este hermoso lugar cuando conquistaron el fuerte azteca de Huaxyáca, que en lengua náhuatl significa «bosquecillo de acacias», para fundar una colonia.

Metrópoli precolombina

En esa época existía ya, a sólo diez kilómetros al sudoeste de Oaxaca, una floreciente ciudad de agitado pasado, que los españoles bautizaron con el nombre de Monte Albán («monte blanco»), debido a la blancura de los matorrales que florecían en él durante la temporada de lluvias. Aunque el valle de Oaxaca ya estuvo habi-

tado durante varios milenios, probablemente fueran los olmecas quienes, en el siglo VII a. de C., establecieron en la zona un primer asentamiento. Como núcleo central de carácter ceremonial eligieron una colina de 400 metros de altitud, cuya cima allanaron para formar una explanada de 610 por 245 metros.

Durante la segunda fase (200 a. de C.-100 d. de C.), influida por la cultura maya, surgieron las primeras construcciones monumentales. En la tercera fase (aproximadamente hasta el año 800), en tiempos de los zapotecas y considerada la época de mayor esplendor, vivieron aquí hasta 50.000 personas y se construyeron las principales edificaciones de paredes inclinadas y las opulentas cámaras sepulcrales. Sin embargo, no se sabe por qué durante la llamada cuarta fase (800-1200) se inició el declive y los zapotecas trasladaron toda su actividad constructora a otras ciudades, como Mitla, Yagul y Zaachila. Es posible que se sintieran ya amenazados por los mixtecas o «gentes del país de las nubes», que descendieron de las montañas y ocuparon la ciudad (quinta fase) para emplearla fundamentalmente como necrópolis. Los aztecas, que no conquistaron el valle de Oaxaca hasta finales del siglo XV, no alteraron en absoluto la imagen que aún se conserva de Monte Albán.

Templos, tumbas y juegos mortales

El núcleo de esta vasta urbe de 42 kilómetros cuadrados es la acrópolis situada en la meseta aplanada del monte Albán, una explanada de 300 metros de longitud con plataformas elevadas a ambos extremos, enormes escalinatas, numerosas pirámides que se han ido construyendo superpuestas en el transcurso de los siglos, cámaras funerarias y relieves. Las grandes rocas que no pudieron ser retiradas fueron cubiertas con construcciones. En la llamada tumba 7 el arqueólogo Alfonso Caso descubrió en 1932 el legendario tesoro mixteca, constituido por unas 500 piezas de oro, plata, turquesa, jade y alabastro, que conformaban el ajuar funerario de los caudillos mixtecas. Las numerosas losas talladas con representaciones

Tanto las paredes como las bóvedas del magnífico interior de la iglesia de Santo Domingo se hallan decoradas con estucos dorados y pinturas.

Página siguiente: Una mirada a través de la nave central hacia el altar principal de la iglesia de Santo Domingo basta para apreciar su soberbia decoración interior de estilo barroco.

humanas y signos de escritura jeroglífica precolombina del templo de los Danzantes han despertado la fantasía de los estudiosos y dado lugar a diversas interpretaciones. En el campo de juego de pelota ritual, que disponía de tribunas para los espectadores, los jugadores ofrecían su vida a la divinidad: el perdedor (o posiblemente el vencedor, considerado más valioso) era sacrificado por los sacerdotes en ofrenda al dios de los Muertos.

La llegada de los españoles

En 1521 la fortaleza azteca de Huáxyaca fue conquistada por los españoles, que la bautizaron provisionalmente con el nombre de Antequera de Oaxaca, hasta que en

1529 se iniciaron las obras de una colonia a la que Carlos I concedió el acta fundacional con la categoría de villa. Alonso García Bravo diseñó el trazado de esta ciudad situada a 1.545 metros de altitud siguiendo el modelo en damero que ya había sido utilizado en la reconstrucción de Ciudad de México, con calles rectas y perpendiculares entre sí, donde cada retícula medía 84 metros de lado. El núcleo de la ciudad, a medio camino entre los ríos Atoyac y Jalatlaco, lo constituye el zócalo o plaza de Armas.

En esta plaza se alza la catedral, cuya construcción iniciaron los dominicanos nueve años después de que Oaxaca fuera nombrada, en 1535, sede episcopal. Tras el devastador terremoto del año 1714 el templo fue objeto de una reconstrucción a la que se debe la actual fachada barroca y las dos torres rebajadas. Pero la iglesia más bella es la de Santo Domingo (1666), perteneciente a un convento dominico, con estrecha fachada barroca flanqueada por dos torres de 35 metros. El interior impresiona por su fastuosa ornamentación dorada de estilo barroco. El convento anexo, con un magnífico claustro de dos plantas, ha sido convertido en museo, en el cual está expuesto el tesoro mixteca de la tumba 7 de Monte Albán.

Entre las más notables casas patricias se encuentra la barroca casa de Cortés, donde residió el conquistador español Hernán Cortés. En el palacio donde se aloja el museo Tamayo se exhibe la colección de arte precolombino reunida por el pintor Rufino Tamayo, fallecido en 1991. Por otra parte, en la casa Juárez vivió durante diez años el hijo predilecto de la ciudad, el reformador y luego presidente mejicano Benito Juárez, en cuyo honor se denomina con orgullo a la ciudad desde 1872 Oaxaca de Juárez.

Por desgracia, esta hermosa ciudad colonial y su región se enfrentan a un grave problema, como consecuencia de su escasa industrialización. Al ser el centro de un área agropecuaria (caña de azúcar, cafetales...), su industria deriva casi exclusivamente de la agricultura: desmotadoras de algodón, tratamiento del café, elaboración de aceites vegetales, etc. La precariedad de ésta ha desembocado en

Las ruinas de la acrópolis olmeca-zapoteca construida junto a Oaxaca sobre el monte Albán, cuya cima fue aplanada artificialmente, constituyeron en su tiempo el núcleo religioso de un floreciente estado.

Este abalorio de plata en forma de pequeña máscara es una de las piezas que componen el tesoro de los mixtecas, hallado en la tumba 7, una parte del cual se exhibe en la actualidad en el museo regional de Oaxaca.

una profunda crisis, a la que debe añadirse el agravante de una total deforestación, debida a la transformación de los bosques en pastos, lo que ha convertido al estado de Oaxaca en uno de los más pobres de México, con una elevada tasa de desempleo. Afortunadamente, la atracción que sobre turistas de todo el mundo ejerce su rica arquitectura virreinal y su proximidad a los lugares arqueológicos de Mitla y Monte Albán permiten concebir esperanzas de un resurgimiento económico que evoque el esplendor de antaño.

Benito Juárez

El principal refomador político del siglo XIX, el zapoteca Benito Juárez García, nació el 21 de marzo de 1806 en San Pablo Guelatao. Hijo de agricultores, sus años de juventud transcurrieron en Oaxaca. Aunque no aprendió a leer y a escribir hasta los trece años, en 1834 se graduó en leyes para, posteriormente, ejercer como abogado. Fue gobernador del estado de Oaxaca entre los años 1848 y 1852 y luego ministro de Justicia en tiempos del presidente Ignacio Comonfort. En este cargo, Juárez elaboró una nueva Constitución de corte liberal, que estableció la separación entre Estado e Iglesia, nacionalizó el patrimonio de ésta, introdujo la libertad de religión, el matrimonio civil y la reforma agraria y garantizó las libertades individuales.
En 1858 alcanzó la presidencia de México, pero la oposición de conservadores y clericales a sus reformas desembocó en una guerra civil que le obligó a trasladarse con su gobierno, primero a Guadalajara y luego a Veracruz. En 1861 logró por fin entrar victorioso en Ciudad de México, pero al poco tiempo se produjo el desembarco de tropas españolas, británicas y francesas, que reclamaban el pago de la deuda exterior congelada. Los franceses ocuparon la capital y, en 1863, Napoleón III nombró emperador de México al archiduque austriaco Maximiliano de Habsburgo. Sin embargo, éste perdió pronto el apoyo de los clericales cuando, en lugar de derogar las reformas, les dió un nuevo impulso. Terminada la guerra de Secesión de Estados Unidos, el gobierno norteamericano exigió la retirada de las tropas francesas y Maximiliano I se vió obligado a abdicar.
Juárez, que había esperado este momento en el norte del país, retomó el gobierno en 1867 y mandó ejecutar a Maximiliano en Querétaro el 25 de diciembre de ese mismo año. En 1871 fue reelegido presidente, pero apenas un año más tarde, el 18 de julio de 1872, falleció de muerte natural en la Ciudad de México.

Entre los hallazgos más interesantes de Monte Albán se cuentan los danzantes, una serie de bajorrelieves en los que aparecen representadas figuras efectuando curiosas contorsiones. Su significado no está claro todavía; probablemente no se trate de bailarines, sino de representaciones de enemigos derrotados.

Ruinas y parque nacional de Palenque

Situación: Junto a un afluente del río Usumacinta, al nordeste del estado federado de Chiapas.

Patrimonio de la humanidad desde: 1987.

Durante casi 800 años la jungla tropical de Chiapas mantuvo las ruinas de Palenque ocultas bajo una espesa capa de vegetación, hasta que su descubrimiento hacia finales del siglo XVIII despertó el interés por la civilización de los mayas. El desciframiento de muchos glifos esculpidos en las piedras proporciona una fascinante panorámica de la historia y la cultura de este pueblo ya extinto. Las piezas clave de este misterioso enclave maya son un palacio con observatorio astronómico y el templo de las Inscripciones, donde también se encuentra la cámara funeraria del legendario caudillo Pacal, que no fue descubierta hasta 1952.

El intrincado complejo palaciego con su torre, inusual en la arquitectura maya, constituye el centro de las famosas ruinas de Palenque.

En diversos lugares del palacio se descubrieron bajorrelieves o relieves en estuco que han proporcionado a los estudiosos de la cultura maya muchos datos acerca de la historia de Palenque.

De entre los numerosos núcleos precolombinos de México, las ruinas de Palenque son probablemente las que más avivaron la imaginación de científicos, aventureros e investigadores aficionados del siglo XIX. Puede que ello se debiera a la incomparable ubicación de este santuario maya, en pleno corazón de la frondosa jungla del nordeste de Chiapas. Palenque se halla situado en el valle que actualmente ocupa el centro del parque nacional de 17,7 kilómetros cuadrados, declarado también patrimonio de la humanidad. La arquitectura del lugar sorprende por la armoniosa forma de amoldar los edificios a la topografía. La ciudad se encuentra bañada por un afluente del río Usumacinta, canalizado y cubierto en más de 50 metros por una trabajada bóveda, a lo largo del cual se suceden varias terrazas artificiales. Esta modificación de la orografía original crea una jerarquía de volúmenes

y espacios que sirve de telón de fondo para la sutil integración de edificios y plataformas en el paisaje selvático.

Entusiasmo romántico

No resulta en absoluto extraño que aventureros como el noble austriaco y arqueólogo aficionado Jean Frédéric von Waldeck vieran realizado aquí su ideal romántico de compenetración entre la naturaleza y el arte. Durante dos años (1832-1834) Waldeck acampó con su esposa en un pequeño templo pirámide de Palenque, que desde entonces recibe el nombre de templo del Conde. La publicación en 1841 del relato de viaje del norteamericano John L. Stephens, ilustrado con dibujos del pintor Frederick Catherwood, desencadenó una verdadera oleada de entusiasmo por el mundo maya. «Aquí se encontraba el patrimonio de un pueblo culto y muy desa-

Algunas representaciones humanas de los artistas mayas se caracterizan por unos rasgos faciales asombrosamente naturalistas: detalle de un relieve en piedra procedente del palacio.

rrollado –escribió Stephens–, que había recorrido todas las etapas desde su ascenso hasta su declive.»

Esta ciudad selvática no fue descubierta hasta 1784 por Ordóñez y Aguilar, José A. Calderón y Antonio Bernasconi. Desgraciadamente, incendios provocados han deteriorado importantes partes de las capas de estuco de colores, que hasta entonces estaban bien conservadas. En el siglo XX se iniciaron las excavaciones sistemáticas, que todavía no han acabado.

los españoles bautizaron el lugar en referencia a sus empalizadas y casas fortificadas) se sitúa alrededor del año 300. Se estima que la época de mayor esplendor de la ciudad tuvo lugar entre los siglos VI y VIII, período en que el gigantesco imperio de los mayas abarcaba desde la península del Yucatán, en el norte, hasta el altiplano de la actual Guatemala.

A esta época corresponde la mayor actividad constructiva de Palenque, de lo cual dan fe los numerosos hallazgos jeroglíficos de

Esta maciza lápida de piedra, decorada con glifos y con un relieve, cubría la tumba del legendario caudillo Pacal, enterrado en la cripta bajo el templo de las Inscripciones.

De esta ciudad, que ocupaba una superficie de ocho kilómetros cuadrados, sólo se ha excavado hasta el momento el sector ceremonial, de unas quince hectáreas.

Floreciente ciudad del imperio maya

Aunque se cree que la región septentrional de Chiapas estaba ya habitada a principios de nuestra era, la fundación de la ciudad de Palenque (nombre con el que

sus templos. Los mayólogos han conseguido descifrar casi un 80 por ciento de estos glifos, que permiten conocer la historia y la cultura de este período clásico. La decadencia de Palenque se produjo hacia el siglo X, a raíz de la invasión de pueblos ribereños de la zona del golfo de México que provocó su abandono y su consecuente ruina. La ciudad no fue reconstruida posteriormente, debido a su situación fronteriza entre los pueblos toltecas y az-

En medio de un frondoso
bosque tropical lluvioso
se alza uno de los
más bellos ejemplos de
la arquitectura maya: la
magnífica pirámide sobre
la que se alza el templo
de las Inscripciones.

El asombrosamente bien conservado remate sobre el tejado es característico del templo del Sol, que se levanta sobre un pedestal piramidal.

Página siguiente: El templo de la Cruz Foliada, que debe su nombre al motivo esculpido de una planta de maíz que en él se encontró, data, según las inscripciones, del año 692.

tecas, siendo invadida progresivamente por la vegetación selvática. En esta situación de olvido y abandono fueron descubiertas las ruinas 800 años más tarde, a finales del siglo XVIII.

Sede gubernamental y tumba regia

Las dos principales atracciones de la ciudad maya de Palenque son el amplio complejo del llamado palacio y el extraordinariamente bien conservado templo de las Inscripciones, posiblemente el más fotografiado de México.

El palacio, construido en diversas fases entre los años 650 y 770 d. de C. y posi-

blemente centro administrativo de la comunidad, se levanta sobre una plataforma artificial de 100 x 80 metros de base y de unos diez metros de altura. Los diversos edificios entroncados entre sí se agrupan en torno a cuatro patios interiores y están conectados por medio de arcadas y pasajes subterráneos. Una estructura única en la arquitectura precolombina de Mesoamérica es la torre de cuatro plantas y quince metros de altura que se alza en el centro del palacio. La mesa que se encuentra en la planta superior debió servir de altar, y la propia torre para efectuar observaciones astronómicas, razón por la cual se la denomina con frecuencia observatorio. Los pasillos de la construcción probablemente más antigua del conjunto (edificio E) muestran unas bóvedas típicas de la arquitectura maya, formadas por series de piedras superpuestas donde cada hilera superior sobresale por encima de la inferior hasta juntarse en el centro. Uno de los relieves del edificio E representa, según las inscripciones, la entronización del caudillo Pacal en el año 615. Pacal aparece sentado en un trono de jaguar bicéfalo mientras recibe una diadema de manos de su madre, la reina Zac-Kuk. Otras escenas de la vida de Pacal pueden contemplarse en los relieves del patio oriental, el mayor del palacio.

El grupo de templos de la orilla occidental del pequeño río Otulum, constituido por el templo del Sol, el templo de la Cruz y el templo de la Cruz Foliada, se remontan a la época del caudillo Chan-Bahlum, hijo de Pacal, que reinó durante dieciocho años en Palenque y cuya obsesión fue cimentar su propia autoridad, para lo cual convirtió a su difunto padre en deidad.

La tumba de Pacal se encuentra en la cripta del templo maya más famoso de México, el llamado templo de las Inscripciones. Esta pirámide de nueve gradas, sobre la cual se levanta la edificación sagrada propiamente dicha, tiene una altura de 21 metros (con el templo incluido) y una base de 65 metros de lado. Tras una cuidadosa restauración, este santuario, iniciado por Pacal en el año 675 y terminado por su hijo ocho años más tarde, vuelve a mostrar hoy todo su esplendor. La escalinata de la fachada principal conduce a las cinco puertas del alargado templo; las jambas de las mismas están decoradas con relieves en estuco, que posiblemente representen a Pacal presentando a su hijo como heredero del trono. De las tres cámaras que se agrupan en torno al salón columnario del templo, la central alberga en sus paredes inscripciones con un total de 620 glifos –así se denominan los signos de la escritura jeroglífica prehispánica–, que han dado lugar al nombre del templo y que constituyen uno de los testimonios escritos más significativos de la civilización maya. Los especialistas en el tema han logrado descifrar que se trata de una especie de crónica familiar de los caudillos de Palenque que abarca unos dos siglos.

Un descubrimiento sensacional

Una auténtica sensación arqueológica la constituyó el descubrimiento de la cripta en el interior de la pirámide por parte de Alberto Ruz l'Huillier en 1952, gracias al cual se demostró que las pirámides mesoamericanas, al igual que las egipcias, desempeñaron funciones sepulcrales. Ya en 1949 se había descubierto en el subsuelo de la pirámide un pasadizo secreto, pero tuvieron que pasar tres años antes de que se retiraran los escombros que dan paso a la escalera que conduce a la cripta, situada a 27 metros de profundidad. En el centro de esta sala de 30 metros cuadrados y siete metros de altura se descubrió una lápida de cinco toneladas de peso cubierta de inscripciones y decorada con un relieve. En él, el caudillo aparece en cuclillas sobre la máscara del dios de la Tierra. Debajo de la lápida se hallaba originalmente el esqueleto del caudillo Pacal, envuelto en una mortaja roja y adornado con ricas joyas de jade. Su cara aparecía cubierta con una máscara de mosaico compuesto de pequeñas piedras de jade y ojos de obsidiana. Se cree que el tubo de arcilla en forma de serpiente que conducía desde el sarcófago hasta la entrada de la cripta servía para mantener el contacto del alma del fallecido con el mundo exterior. Todos estos tesoros están expuestos hoy en el Museo Antropológico de Ciudad de México.

Ruinas de Chichén Itzá

Situación: En el norte de la península del Yucatán, en el estado federado del mismo nombre, unos 120 kilómetros al sudeste de Mérida.

Patrimonio de la humanidad desde: 1988.

El aspecto más fascinante de la ciudad sagrada precolombina de Chichén Itzá es la confluencia temporal de dos civilizaciones –la de los mayas y la de los toltecas–, que ha quedado reflejada en el arte y la arquitectura, pero también en los mitos, que dan cuenta de la práctica de cultos terribles. En el centro del amplísimo recinto arqueológico existe una gran poza de agua donde se sacrificaba incluso a niños con el objeto de apaciguar a los dioses. La cancha del juego de pelota, el templo dedicado al dios Kukulkán y el templo de los Guerreros se cuentan, sin duda, entre las obras maestras de la arquitectura precolombina.

El templo de los Guerreros, flanqueado por el Grupo de las Mil Columnas, se alza sobre una llanura de la península del Yucatán. Las ruinas precolombinas de Chichén Itzá se cuentan entre las más importantes de todo México.

La torre redonda, conocida como Caracol, una construcción extraordinariamente inusual en la arquitectura precolombina, era utilizada en otro tiempo como observatorio. El complejo incluye también un templo, circunstancia que sugiere la estrecha relación existente entre religión y astronomía.

En el año 1885 Edward Thompson, cónsul de Estados Unidos en Mérida, adquirió por una suma irrisoria el recinto en el que se encontraban las ruinas mayas de Chichén Itzá, en el norte de la península del Yucatán. Fue un buen negocio, puesto que las edificaciones –que se hallaban totalmente cubiertas por la vegetación– estaban muy bien conservadas y ocultaban importantes tesoros. En el período comprendido entre 1904 y 1911 este arqueólogo aficionado contrató a unos buzos para rastrear el cenote o charca sagrada de los sacrificios, donde se encontraron valiosas piezas de oro, cerámica, cobre, jade y obsidiana, que fueron enviadas a su país natal.

En 1923, el Instituto Nacional de Antropología e Historia mejicano asumió la dirección científica del yacimiento, pero México no se hizo cargo de las ruinas hasta 1945, una vez concluida la Segunda Guerra Mundial.

Mezcla de las culturas maya y tolteca

La fecha más antigua referenciada en Chichén Itzá corresponde al año 879 de nuestra era. Pero según otras fuentes se calcula que el pueblo azteca de los itzá, que procedía de Guatemala, fundó la ciudad hacia el año 450. Según las crónicas antiguas, los itzá habrían abandonado el lugar a finales del siglo VII, para regresar trescientos años más tarde guiados por el caudillo-dios Quetzalcóatl, al que los mayas llamaban Kukulkán. Pero probablemente estos recién llegados eran toltecas, un pueblo de la meseta Central mejicana. Entre los años 1000 y 1200 se inició una segunda fase de construcción en la que se fusionó la arquitectura monumental de los toltecas y la barroca de los mayas, dando lugar al típico estilo de Chichén Itzá. Luego comenzó el ocaso, y hacia 1250 la ciudad fue definitivamente abandonada. Tras dicho abandono, las edificaciones se convirtieron progresivamente en ruinas, pero no cayeron en el olvido, sino que se transformaron en un lugar de peregrinaje muy frecuentado. Gracias a ello los conquistadores españoles dieron con él en 1533. En la actualidad se conserva tal y como lo encontraron éstos.

En el reino de los sacerdotes y los astrónomos

Esta enorme zona arqueológica, que tiene una extensión de casi ocho kilómetros cuadrados, se divide en un sector septentrional llamado Nueva Chichén, de influencia tolteca, y en otro meridional llamado Chichén Antigua. Nueva Chichén –que a su vez se divide en un grupo de edificaciones y patios septentrionales y en otro meridional– es la zona en la que se ha llevado a cabo la mayor parte de las excavaciones. La edificación más significativa del área meridional es el observatorio, una construcción circular de 12,5 metros de altura que se alza sobre una plataforma de dos niveles; los conquistadores españoles le dieron el nombre de Caracol a causa de la escalera de caracol que hay en el interior de la torre. Las ventanas de la sala superior tienen unas hendiduras por las que los rayos del sol sólo penetran dos veces al año durante un muy breve espacio de tiempo; ello permitía a los astrónomos realizar mediciones muy exactas.

En la extensa zona norte destaca la enorme y restaurada pirámide de Kukulkán, que los españoles bautizaron como El Castillo. Consta de nueve niveles y está coronada por un templo que en su punto más alto se eleva 30 metros sobre el nivel del suelo. Aparece rodeado por una escalinata de 91 peldaños, que sumados a los peldaños de acceso al templo dan un total de 365, simbolizando así los días del año solar. Las empinadas escalinatas, que describen un ángulo de inclinación de 45 grados idéntico al de otras pirámides mesoamericanas, sólo pueden subirse en zigzag. Muchos historiadores creen que se trata de algo intencionado, para evitar que los sacerdotes dieran la espalda al pueblo al subir, y al dios al bajar.

En el lado noroeste de la pirámide se produce un fenómeno sorprendente dos ve-

ces al año (el 21 de marzo y el 22 de septiembre): por la tarde, poco antes de la puesta de sol, los ángulos de las terrazas proyectan una sombra zigzagueante sobre los bordes de las gradas que, al pie de la pirámide, terminan en forma de cabezas de serpiente esculpidas en piedra. Así, se produce un efecto óptico que hace ver que la serpiente está descendiendo por la escalinata. Con este movimiento simbólico de Kukulkán se anunciaba, respectivamente, el inicio de la época de la siembra y el término de la época de las lluvias.

La pared de calaveras

Frente a El Castillo se extiende una plaza de grandes dimensiones flanqueada por una de las más hermosas canchas del juego de pelota de toda Mesoamérica. Esta cancha forma una unidad con el templo de los Tigres; la hermosa escultura del jaguar que preside la entrada hacía las veces

Las cabezas en relieve que decoran la fachada del Edificio de las Monjas, ubicado en la parte meridional de Chichén Antigua, simbolizan al dios Chac, el dios de la lluvia de los mayas.

El Edificio de las Monjas recibió este nombre debido a que los españoles lo consideraron equivocadamente la residencia de las vírgenes destinadas al sacrificio.

de altar. Enfrente se encuentra un tzompantli –en lengua náhuatl, pared de calaveras–, una construcción decorada con cráneos que constituye un claro exponente de los sacrificios humanos que practicaban los toltecas. Se trata de una plataforma de 60 x 15 metros, íntegramente decorada con calaveras labradas en la piedra, que servía de base para clavar las empalizadas en las cuales se ensartaban las cabezas de aquellos que eran ofrecidos en sacrificio. En el centro de esta misma plaza se alza

una plataforma algo más baja, conocida como tumba de Chac Mool. Esta denominación se debe al arqueólogo Auguste Le Plongeon, quien en el año 1875 descubrió en esta plataforma una figura de sacrificio ritual, y por alguna razón desconocida la llamó Chac Mool (jaguar rojo).

El templo y la charca de los sacrificios

El templo de los Guerreros, con el Grupo de las Mil Columnas, se halla en el lado

oriental de la plaza. Delante del templo se alzan 60 pilares que debieron estar cubiertos por una techumbre de madera, formando una especie de atrio. Los bajorrelieves que decoran estos pilares muestran guerreros ataviados, pero también prisioneros, lo cual hace pensar que este santuario servía para celebrar las victorias militares. El templo propiamente dicho se levanta sobre una pirámide de cuatro niveles, cuya entrada está custodiada por un enorme Chac Mool.

Desde la plaza, y en dirección norte, una calzada adoquinada conduce hacia el cenote sagrado, una charca de sacrificios alimentada por aguas subterráneas. Como indica el nombre Chichén Itzá (junto a la fuente de los Itzá), esta poza de 60 metros de diámetro debió determinar la construcción del recinto sagrado en este punto. Los esqueletos, adornos y cuchillos de sacrificio hallados a profundidades de unos 80 metros confirman la finalidad de esta charca consagrada al dios de la lluvia, Chac.

El orificio que se forma entre las manos de las pequeñas figuras que flanquean la escalinata de acceso al templo de los Guerreros sirvió probablemente como soporte para algún tipo de estandarte.

El mundo de los mayas

No se sabe a ciencia cierta de dónde procede el pueblo de los mayas ni si estaba emparentado con los primeros olmecas. Los testimonios más antiguos de su cultura se remontan a tiempos muy anteriores a nuestra era. La época de mayor extensión territorial fue probablemente la comprendida entre el año 250 y el 900 d. de C., período en el que el imperio maya abarcaba desde la península de Yucatán hasta el altiplano de Guatemala.

A pesar de ello, no puede hablarse de un imperio en sentido estricto, pues, a diferencia de los aztecas, los mayas no constituían un estado centralista sino una federación de múltiples ciudades-estado autónomas. No se sabe tampoco nada acerca del repentino ocaso de esta floreciente civilización, alrededor del año 900. Cabe señalar que en Mesoamérica viven actualmente unos seis millones de personas descendientes de los mayas.

Los agricultores mayas cultivaban maíz, frijoles, tomates, cacao, tabaco y algodón de forma sistemática. Como alimento básico, el maíz era venerado por este pueblo como planta sagrada y se representaba a menudo como una divinidad. Los campesinos vivían alrededor de las ciudades fortificadas; el recinto de los templos, donde la casta de los sacerdotes rendía culto a los dioses, se dedicaba a las ciencias y gobernaba el país, estaba situado en el centro de la ciudad. Las edificaciones y otros hallazgos demuestran que los artesanos poseían una extraordinaria destreza, pues sin conocer la rueda ni las herramientas de metal realizaron verdaderas obras maestras en el campo de la cerámica, la joyería, la escultura y la arquitectura. Por otro lado, la escritura altamente desarrollada de los mayas y sus conocimientos matemáticos y astronómicos prueban el alto grado evolutivo de esta civilización. Merece mención especial el sofisticado calendario maya, utilizado también por otras civilizaciones mesoamericanas. Empleaba simultáneamente dos calendarios: el ritual (tzolkin), de 260 días, con 13 meses de 20 días, y el solar (haab), de 365 días con 18 meses de 20 días y un período final de cinco días. Estos últimos cinco días se consideraban nefastos y eran especialmente temidos. Una combinación de jeroglíficos determinaba el día y el mes con absoluta precisión.

Cada 52 años, el último día del año ritual coincidía con el último día del año solar. Los mayas creían que dicha coincidencia presagiaba el fin del mundo. Por ello, si no ocurría nada lo celebraban construyendo un nuevo piso sobre los santuarios.

Página anterior, foto superior: Las calaveras esculpidas en la piedra indican la función de la plataforma denominada tzompantli. En ella se exponían las cabezas de las víctimas de los sacrificios.

Página anterior, foto inferior: La cancha para la práctica del juego de pelota ocupaba más o menos la mitad de un campo de fútbol. A izquierda y derecha, fijadas a las paredes, se observan las dos anillas de piedra por las cuales había que colar la pelota.

Chac Mool es el nombre que reciben los altares de sacrificio toltecas con forma de una figura medio sentada y medio echada. El Chac Mool que preside la entrada al templo de los Guerreros es de los más famosos.

Reserva de la biosfera de Sian Ka'an

Situación:	En el estado federado de Quintana Roo, en la costa este de la península del Yucatán.
Patrimonio de la humanidad desde:	1987.
Superficie:	5.280 kilómetros cuadrados.

La reserva de la biosfera de Sian Ka'an se halla emplazada en la península del Yucatán, al sudeste de México, y su superficie se reparte entre los municipios de Cozumel y Felipe Carrillo Puerto. Sus 5.280 kilómetros cuadrados reúnen bahías, arrecifes coralinos, lagunas interiores y una multitud de pequeñas lagunas costeras, además de grandes extensiones de selva tropical, marismas y manglares. Actualmente, la población que vive dentro de la reserva no supera el millar de personas, lo que constituye una garantía para todas las especies animales y vegetales que coexisten en la zona.

Las numerosas islas de arbustos que salpican las tierras de aluvión de esta reserva son utilizadas por un sinfín de especies de aves para anidar.

El nombre de la reserva, Sian Ka'an, procede de una antigua creencia maya. En el siglo VI de nuestra era, los xiues se instalaron en la región, y decidieron llamar a su nueva tierra Ziyan-Caan, es decir «el principio del cielo», tanto por la fecundidad del suelo como porque creían que más allá del mar, hacia levante, se encontraba la cuna del sol.

Los pocos habitantes que actualmente viven en el interior de la reserva de la biosfera de Sian Ka'an son descendientes de

Entre los ibis blancos americanos (*Eudocimus albus*) se estila la división del trabajo: los machos salen en busca del material con el que las hembras construirán los nidos, preferentemente en islas de mangle o en las copas de los árboles.

los antiguos mayas y, por lo tanto, herederos de la cultura que convivió con este entorno durante siglos.

Se dedican mayoritariamente a la pesca de la langosta y otras especies, y también a la agricultura, aunque esta planicie calcárea no es demasiado fértil; además, durante la época de lluvias estivales, que se prolonga desde mayo hasta octubre, tres cuartas partes de las tierras se encuentran anegadas por las aguas.

En esta región el nivel de las aguas subterráneas se encuentra muy próximo a la superficie, a tan sólo ocho metros de profundidad. Por ello durante la estación lluviosa afloran tan fácilmente, y por ello también las dolinas –cavidades subterrá-

neas llenas de agua– son aquí tan numerosas. Los antiguos mayas las consideraban sagradas y las empleaban como pozos para realizar sus sacrificios rituales. Por su parte, la dureza de las capas calcáreas subterráneas hace posible que la reserva acuífera de la zona se conserve extraordinariamente clara y limpia.

Gran variedad en un estrecho recinto

En esta región, han sido hallados 23 emplazamientos precolombinos mayas, pero actualmente tan sólo hay dos poblados habitados y algún camino secundario. Gracias a ello, la reserva de Sian Ka'an ha podido subsistir hasta nuestros días como la mayor reserva íntegra de México y la más extensa zona de tierras aluviales de toda Mesoamérica.

El gran número de ecosistemas que alberga hace de esta zona un lugar único. Los biólogos han contabilizado hasta diecisiete tipos distintos de vegetación. Los más importantes son la selva tropical, el bosque mixto, los terrenos de aluvión, las formaciones de pradera tropical, las marismas de agua dulce y salada, los bosques de manglares, las zonas desérticas y las islas llanas. Además, frente a la costa se extiende un arrecife coralino de 110 kilómetros de longitud.

Las aguas costeras son poco profundas y forman dos enormes bahías, la de Ascensión y la del Espíritu Santo, en las que abundan las lagunas y los pantanos de manglares.

A continuación crecen palmerales y tierras de aluvión, también las peculiares islas de selva virgen llamadas petenes, cuyas dimensiones oscilan entre unos pocos metros y varios kilómetros. Más allá se encuentran la selva tropical y los bosques frondosos.

Habitantes exóticos

En los arrecifes y las lagunas costeras abundan los peces exóticos, los bogavantes y las langostas. También viven aquí cuatro de las seis especies de tortugas marinas que pueden hallarse en las costas mejicanas, así como el manatí (*Trichechus manatus*), que en el pasado fue muy perseguido por la excelente calidad de su carne y que en la actualidad solamente sobrevive en el golfo de México, el mar Caribe y el océano Índico.

En las aguas de la reserva hay dieciséis especies de aves rapaces, cormoranes (*Phalacrocorax carbo*), pelícanos (*Pelecanus* sp.) y fragatas (*Fregata* sp.), ave esta última que alcanza más de dos metros de envergadura.

Entre la rica fauna que habita en los pantanos y las lagunas cabe destacar los cocodrilos (*Crocodylus moreletii*) y los flamencos (*Phoenicopterus ruber ruber*), así como la espátula rosa (*Ajaja ajaja*) y el jabirú (*Jabiru mycteria*), un pariente americano del marabú.

Igualmente variada es la fauna de los bosques tropicales que se hallan en tierra firme –casi un tercio de la superficie de la reserva–, entre la que debe mencionarse el tímido anteburro (*Tapirus bairdi*), considerado el mamífero más grande de Sudamérica; el venado de cola blanca (*Odocoileus virginianus*), y dos especies de pécaris (*Tayassu pecari*).

También son característicos de la zona el mono araña (*Ateles* sp.) y el mono aullador (*Alouatta* sp.), así como cinco especies diferentes de félidos: el jaguar (*Panthera onca*), el puma (*Profelis concolor*), el ocelote (*Leopardus pardalis*), el tigrillo (*Herpailurus jaguaroundi*) y la onza (*Leopardus wiedi*).

Un paraíso necesitado de protección

El centro turístico de Cancún, ubicado al norte de la zona, cerca de las ruinas mayas de Tulum, contamina de un modo amenazador las aguas de la reserva. Aunque se trata de una zona escasamente habitada, la vegetación del lugar ha sufrido grandes destrozos a lo largo de los años. Las especies arbóreas más amenazadas, debido a su codiciada madera, son la caoba (*Swietenia mahagoni*), el cedro blanco y el cedro rojo. Por su parte, la langosta migradora del Caribe (*Panulirus argus*) es un marisco muy apreciado y se pesca de forma masiva. Finalmente, las plataformas petrolíferas y sus posibles averías, son otra de las mayores amenazas.

Por todo ello, en el año 1986 se creó la reserva de la biosfera de Sian Ka'an y se estableció un estricto control en la zona. Se reglamentó la caza comercial y la pesca y se prohibió la tala incontrolada de árboles. Así, se garantiza la conservación de este paraje singular, así como un aprovechamiento racional y una explotación controlada de sus recursos.

Esta política de protección del ecosistema pretende incitar a la población de la región, que apenas sobrepasa el millar de personas, a que participe en los proyectos de formación de la flora y la fauna que tienen lugar en la reserva.

Lo que a primera vista parece un gran lago se revela pronto como un terreno de aluvión, cubierto por unos pocos centímetros de agua: una de las abundantes áreas de vegetación que convergen en la reserva de Sian Ka'an.

Doble página siguiente: Las aguas cálidas y poco profundas que separan la franja costera del arrecife coralino, un atolón de más de 100 kilómetros de longitud, albergan un exótico mundo submarino rebosante de colorido y variedad.

Extracto de la Convención para la protección del patrimonio mundial, cultural y natural.

La Conferencia General de la Organización de las Naciones Unidas para la Educación, la Ciencia y la Cultura, en su 17ª reunión, celebrada en París del 17 de octubre al 21 de noviembre de 1972, aprueba en este día 16 de noviembre de 1972 la presente convención:

• Constatando que el patrimonio cultural y el patrimonio natural están cada vez más amenazados de destrucción, no sólo por las causas tradicionales de deterioro sino también por la evolución de la vida social y económica que las agrava con fenómenos de alteración o de destrucción aún más temibles,

• Considerando que el deterioro o la desaparición de un bien del patrimonio cultural y natural constituye un empobrecimiento nefasto del patrimonio de todos los pueblos del mundo, (...)

• Considerando que, ante la amplitud y la gravedad de los nuevos peligros que les amenazan, incumbe a la colectividad internacional entera participar en la protección del patrimonio cultural y natural de valor universal excepcional prestando una asistencia colectiva que sin reemplazar la acción del Estado interesado la complete eficazmente, (...)

Definiciones del patrimonio cultural y natural

A los efectos de la presente convención se considerará «patrimonio cultural»:

• Los monumentos: obras arquitectónicas, de escultura o de pintura monumentales, elementos o estructuras de carácter arqueológico, inscripciones, cavernas y grupos de elementos que tengan un valor universal excepcional desde el punto de vista de la historia, del arte o de la ciencia,

• Los conjuntos: grupos de construcciones, aisladas o reunidas, cuya arquitectura, unidad e integración en el paisaje les dé un valor universal excepcional desde el punto de vista de la historia, del arte o de la ciencia,

• Los lugares: obras del hombre u obras conjuntas del hombre y de la naturaleza, así como las zonas, incluidos los lugares arqueológicos que tengan un valor universal excepcional desde el punto de vista histórico, estético, etnológico o antropológico.

A los efectos de la presente convención se considerará «patrimonio natural»:

• Los monumentos naturales constituidos por formaciones físicas y biológicas o por grupos de estas que tengan un valor universal excepcional desde el punto de vista estético y científico,

• Las formaciones geológicas y fisiográficas y las zonas estrictamente delimitadas que constituyan el hábitat de especies animales y vegetales amenazadas, que tengan un valor universal excepcional desde el punto de vista estético y científico,

• Los lugares naturales o las zonas naturales estrictamente delimitadas que tengan un valor universal excepcional desde el punto de vista de la ciencia, de la conservación o de la belleza natural.

Créditos fotográficos